PLUTARCO ELÍAS CALLES

PLUTARCO ELÍAS CALLES

por Roberto Mares

Grupo Editorial Tomo, S.A. de C.V.
Nicolás San Juan 1043
03100 México, D.F.

1a. edición, junio 2004.

Nicolás San Juan 1043, Col. Del Valle
03100 México, D.F.
Tels. 5575-6615, 5575-8701 y 5575-0186
Fax. 5575-6695
http://www.grupotomo.com.mx
ISBN: 970-666-977-9
Miembro de la Cámara Nacional
de la Industria Editorial No 2961

Proyecto: Roberto Mares
Diseño de Portada: Trilce Romero
Formación Tipográfica: Servicios Editoriales Aguirre, S.C.
Supervisor de producción: Leonardo Figueroa

Impreso en México - *Printed in Mexico*

Contenido

Introducción 7

El troquel de una personalidad 9

Rebeldía y pedagogía 13

Tortuosos senderos 15

El camino de las armas 19

El encuentro con la vocación 27

La fisonomía del dominio 35

La presidencia 43

De la jefatura a la estatización 49

Diplomacia peligrosa 61

Política anticatólica 69

Asesinato y reforma 85

El maximato 105

Una traición necesaria 115

El exilio, los fantasmas y la muerte 123

Introducción

Todo hombre es infinitamente más de lo que puede decirse de él. Ningún discurso sobre un hombre puede dar cuenta de la verdadera persona que ese hombre es o fue. Los motivos profundos que llevaron a un hombre como Plutarco Elías Calles a ser lo que fue y hacer lo que hizo permanecerán por siempre en la oscuridad de la conciencia histórica, a pesar de los atisbos de comprensión que surgen de la asociación entre los datos de su vida y los del contexto en que ésta se desarrolló.

Lo anterior es válido para cualquier personaje al que se pretende narrar en las páginas de un libro, pero en el caso de personas a quienes toca vivir una encrucijada histórica, la interpretación de su trascendencia se nos bifurca, al igual que los caminos que a este personaje hubieron de presentársele en su momento.

La época de Calles fue un punto de *cruce,* o si se quiere de crisis, en la historia de México; la revolución había dado ya lo que tenía que dar en el violento proceso de cambio, los vientos de la reacción agitaban el ambiente social y el Imperio dejaba sentir su fuerza sin recato alguno. Al parecer, el único camino practicable era el de regreso, la vuelta hacia el liberalismo ramplón del porfiriato, apoyado, seguramente, por militares advenedizos, curas no muy evangélicos y empresarios de escasos escrúpulos.

El camino de la modernidad parecía despejado, pero, paradójicamente, conducía al pasado. Si México hubiera seguido ese camino, la revolución se hubiera desvalorizado a tal grado que todo el sufrimiento que trajo consigo hubiera sido en vano, y los tiempos de la lucha y la esperanza se hubieran contemplado en retrospectiva como una enfermedad social, con su fiebre y su delirio, que finalmente es curada con fuertes dosis de sensatez económica y política.

Pero había un camino hacia adelante, un camino tortuoso y escarpado que no parecía muy transitable, un camino incierto, riesgoso y desprovisto de señalamientos, pero que representaba la única vía por la que se podría reivindicar la lucha revolucionaria y hacer valer la voluntad de un pueblo sufriente, esclarecida por la esperanza y renuente a la racionalidad.

Decía Hegel que el espíritu es tan astuto que a veces engaña a los hombres, haciéndoles creer que es su propia astucia la que los guía, cuando en realidad son como un eje en el que gira la rueda de la vida, siempre hacia adelante.

Calles fue un hombre astuto, duro y prepotente; tal vez un enfermo de poder que se recreaba en la ilusión de su propia grandeza; pero también jugó el papel que le correspondió en un momento de crisis nacional y se convirtió en un eje de la historia de México.

Roberto Mares

El troquel de una personalidad

El origen de la familia Elías en México fue un inmigrante español llamado Manuel Elías Pérez, oriundo del pueblo de Almazán, en la provincia de Soria, de quien se ha dicho, basándose únicamente en su apellido, que fue un judío sefardí. Uno de sus descendientes, Juan José Elías, gobernador interino del Estado de Sonora, fue padre de Plutarco Elías Lucero, quien fue el padre del personaje que nos ocupa. Su madre fue María de Jesús Solórzano, quien casó con Juan Calles, cuyo apellido tomó Plutarco.

Conforme la fe de bautismo de la iglesia parroquial de Guaymas, Plutarco nació el 27 de enero de 1877 —aunque otras fuentes señalan el 25 de enero del mismo año—, donde se le da el nombre de Francisco Plutarco y se señala que es hijo natural de Plutarco Elías y María de Jesús Campuzano (no Solórzano).

Los primeros años en la vida de Calles coinciden con un periodo histórico de gran importancia para México, pues fue el inicio de lo que sería el primer gobierno sólido, sórdido y duradero que tendría el país, por supuesto nos referimos al régimen de Porfirio Díaz. En esa larga época, la vida social, y en especial el sistema político permanecerían en un estado de forzado equilibrio, dejando muy poco espacio para el verdadero crecimiento, tanto en un sentido económico como cultural. En el norte del país se tenía una visión un poco más abierta de los cambios sociales, principalmente a causa de la cercanía con los Estados Unidos, sin embargo, el inmovilismo político resulta patente si consideramos que en el Estado de Sonora, durante los treinta años del régimen porfiriano, solamente tres personas ocuparon el gobierno del Estado, alternándose el poder uno al otro, a la manera del gobierno central. Estos personajes fueron: Luis E. Torres, Ramón Corral y Rafael Izábal.

Imaginando este ambiente social, podemos conjeturar que la infancia y primera juventud de Calles trascurrieron en un ambiente poco propicio al desarrollo de la iniciativa personal, y sobre todo bastante cerrado en lo referente a las posibilidades del ejercicio democrático en los asuntos públicos, lo que seguramente creaba en las personas la sensación de que así eran la cosas y así lo seguirían siendo. Tal vez uno de los mayores apoyos que puede tener una dictadura, y la de Díaz no es la excepción, es esa especie de inercia social que dificulta a las personas pensar siquiera en las posibilidades de un cambio. Sin duda el primer obstáculo que tuvo que vencer la revolución fue precisamente esa inercia.

En el caso del joven Calles, el primer elemento de esa ruptura fue la posibilidad de acceder a una instancia educativa diferente, pues en el año de 1887, el gobernador de su Estado, Ramón Corral, se avoca al establecimiento de un sistema educativo "moderno", trayendo al Estado una base de maestros, principalmente desde Jalapa y la ciudad de México, todos ellos formados en el sistema "normalista" de Enrique Rébsamen, favorecido por los ideólogos del régimen de Díaz, inspirados en el "positivismo". Estos profesores ocuparon puestos directivos en las principales escuelas primarias para varones del estado y en una prestigiada institución fundada por Corral en 1889, llamada El Colegio de Sonora.

El auge de la educación fundada en la razón "positiva" y la ciencia era una búsqueda de modernidad, pero no dejaba de ser la puesta en escena de un modelo importado, de raigambre francesa, muy a tono con la época, pero no dejaba de ser una forma de imitación extralógica en un país sometido a formas de explotación semibárbaras. En Sonora la iniciativa pedagógica del gobierno buscaba el compensar la influencia renacida de la educación católica. Ya desde los tiempos de la Reforma, el obispo Loza y Pardavé había mostrado su espíritu combativo; pero en 1857, precisamente cuando Corral introduce sus reformas, el nuevo obispo Heriberto López de la Mora, contraataca con un modelo pedagógico distinto y profundamente reaccionario, fundando varias instituciones educativas y sobre todo el Seminario Conciliar, como semillero de activistas católicos cuyo campo de acción era precisamente la educación.

Como reacción casi natural, al poco tiempo comenzaron a proliferar publicaciones proselitistas de diversas sectas protestantes de origen norteamericano en toda la región. En enero de 1888, el obispo amenaza con excomulgar a quienes concurran a escuchar las herejías y blasfemias protestantes o se atrevan a leer el diario *Nuevo Independiente*, que era una publicación orientada a la difusión de las ideas del viejo liberalismo, pero ahora con el nuevo tinte del positivismo, lo que horrorizaba a los católicos de la vieja guardia.

Rebeldía y pedagogía

El Joven Plutarco Elías Calles sigue los cursos especiales para maestros que imparte, en 1888, el profesor Benigno López y Serra en la Academia de Profesores, con lo que, de manera lógica y natural, se identifica con una propuesta educativa y social distinta a la tradición católica y, en esas circunstancias, prácticamente antagónica.

En esta conflictiva se rebasa el tema de lo meramente educativo y se reactiva la vieja discusión entre los poderes del clero y del Estado, iniciada con Juárez en la época de la Reforma y por muchos años oculta o soslayada, pues de ninguna manera era algo históricamente superado.

Pudiera pensarse que esta conflictiva influyó en el joven Calles, aunque su posterior anticlericalismo tiene orígenes más personales, como veremos más adelante. De cualquier manera, éste fue un terreno fértil para el cultivo de una suerte de ateísmo que era más emocional y conductual que filosófico.

En esta misma dinámica social, la opción lógica de Calles fue la carrera del magisterio, lo que en su tiempo no era una profesión lucrativa, pero sí muy prestigiada en aquellas regiones, donde la cultura era un producto raro y poco desarrollado, sin mayor contacto con el humanismo europeo o la Ilustración, muy lejos de las verdaderas corrientes literarias y espirituales del siglo. Sin embargo, la sencilla preparación del maestro parecía en Sonora el principio y el fin del saber humano; una especie de religión laica en la que se postulaba el contacto objetivo y racional con la realidad, aunque de una manera abstracta y más bien emocional que intelectual, sin mayor desarrollo científico, pero en constante búsqueda de fórmulas ideológicas que colocaran un contrapeso cultural a los esquemas tradicionales de la cultura católica.

Así pues, Calles se convierte en uno de los baluartes de la pedagogía moderna en el Estado, e incluso, en 1893, es nombrado inspector de las Juntas de Instrucción Pública de Hermosillo; profesor de la Escuela número Uno para varones y ayudante de párvulos en el Colegio de Sonora, todo ello en el lapso de un año. Es en ese año, y en este movimiento educativo, que conoce a Adolfo de la Huerta, originario de Guaymas, como él.

A los veinte años, en 1897, regresa a Guaymas, donde un año después imparte clases en el quinto grado de una escuela primaria y es director de la escuela de la Sociedad de Artesanos, llamada El Porvenir.

En ese tiempo vuelve a encontrar a su padre biológico y adopta el apellido Elías, pero sin renunciar al de Calles. Ese efímero reencuentro con el padre parece haber sido desastroso para el joven Plutarco, pues se entrega a la irresponsabilidad y al abuso del alcohol, que eran la marca de la personalidad del padre. Plutarco Elías Calles era ilegítimo en términos legales, dado que sus padres nunca se casaron, pero ante la sociedad católica lo era aún más, lo que seguramente influyó en su postura antirreligiosa.

Tortuosos senderos

En sus *Memorias,* De la Huerta se refiere así a su primer encuentro con Calles:

> *Conocí a Calles cuando éste desempeñaba el oficio de ayudante de profesor de párvulos, en una escuela de Hermosillo, y al saber que era de Guaymas me le acerqué afable y le pregunté de qué familia era... "De la mía", me contestó; seca frase que bien demuestra su poco gusto en que fuera investigado su origen.*

En 1889 Plutarco logra separarse de la bebida y del padre y contrae matrimonio con Natalia Chacón, por supuesto solamente por lo civil, comenzando la procreación de lo que sería una familia numerosa. Cerca de dos años se desempeña, sin fortuna, en varios empleos: además de maestro es tesorero municipal del puerto de Guaymas, inspector general de educación, puestos de los que es despedido por sospecha de fraude. Posteriormente se vuelve administrador del Hotel México, propiedad de su medio hermano Arturo Maldivio Elías, trabajo que se le termina al incendiarse el hotel. De esta serie de fracasos en esa etapa de la vida de Calles nos informa Adolfo de la Huerta:

> *Aquellos años de la vida de Plutarco Elías Calles fueron muy poco afortunados; no parecía sino que un destino adverso le perseguía constantemente.*
>
> *En Guaymas circuló una versión malévola que lo acusaba de haber dispuesto de dineros que, como cajero de una agrupación de profesores, le habían sido confiados... Pero a más de*

que aquella versión, falsa y todo, se extendió, Calles, dejando el magisterio, emprendió un comercio asociado con alguien que no gozaba de muy buena fama. Más tarde salió para el Norte, haciendo correr la versión de que iba a reclamar la herencia de un tío, pero parece que en realidad fue a tratar de conseguir la gerencia de un molino harinero por el rumbo de Fronteras.

La amistad y protección del entonces secretario del gobierno de Sonora, Alberto Cubillas, vinieron a favorecerle y fue nombrado presidente municipal de Fronteras; pero no estuvo muy acertado en su actuación, o nuevamente lo persiguió la mala suerte. Lo cierto es que surgieron malas voluntades en los vecinos y Calles tuvo que volver a Guaymas.

En esos días su hermano Arturo Elías era propietario de un hotel, y Plutarco fue puesto como encargado de la cantina. El hotel se incendió poco después, y como estaba bien asegurado no faltaron las malas lenguas que propalaron la versión de un incendio provocado intencionalmente y aún señalaron a Plutarco como el autor. Pero en honor a la verdad, hay que decir que el cargo era infundado.

Después, Calles se asoció con un señor Santiago Smithers, descendiente de norteamericanos, hombre honesto, trabajador y que gozaba de prestigio y general estimación en el Estado. La nueva sociedad prosperó al principio, pero el incendio de un almacén y los primeros brotes de la revolución descompusieron la situación y fue entonces cuando Calles se inclinó en favor de la tendencia revolucionaria.

Su amistad con Cubillas volvió a favorecerle, y fue nombrado tesorero municipal de Guaymas; pero nuevamente la mala suerte se ensañó con él: al recibir la tesorería de manos de su antecesor, éste le entregó, entre otros documentos, un vale personal por la cantidad de seis mil pesos. Calles, por error, por exceso de confianza o por simple descuido, aceptó el vale, y cuando poco después un visitador de apellido Rodríguez le practicó una visita y encontró aquel vale, naturalmente no quiso aceptarlo, y levantando la correspondiente acta se dis-

puso a consignar a Plutarco como responsable del delito de peculado.

Calles se movió rápidamente y consiguió entre sus amigos la cantidad requerida, que reintegró a la caja de la tesorería, pero el visitador, que parecía tener particular empeño en causarle daño, hizo de todos modos la consignación.

Plutarco, entonces, fue a hablar con Cubillas, exponiéndole los hechos, y éste le tranquilizó y le prometió que el asunto no pasaría de allí, que se dejaría "dormir" el expediente, y Calles hubo de conformarse con aquello que le dejaba una espada de Damocles sobre la cabeza...

En aquella época, para compensar sus ingresos, bajos e irregulares, administra las tierras de su padre, que sumaban unas nueve mil hectáreas, en Santa Rosa, cerca de la frontera, lo que era una propiedad considerable; sin embargo tampoco logra con ello la anhelada estabilidad económica. En 1906 solicita una concesión minera, pero ésta no le es otorgada. En 1910, Calles tiene la oportunidad de sembrar un terreno de once mil hectáreas cerca de la población de Fronteras que el gobierno le había concedido un año antes, pero prefiere iniciar un nuevo negocio en Guaymas junto con su amigo: "Elías, Smithers y Cía.", dedicado a la compraventa de alimento para animales, semillas y harinas, en el almacén de aquel negocio se llevaron a cabo algunas reuniones del club antirreeleccionista de la ciudad de Guaymas, con el que Calles simpatizaba. Tampoco faltaron ahí las sesiones espiritistas de las que varios de los miembros eran aficionados, siguiendo la pauta de su líder, Francisco I. Madero.

En abril de 1911, tal vez a causa de sus múltiples fracasos, Calles vuelve al alcohol, pero su responsabilidad externa lo incitaba a vencerse a sí mismo, pues ya tenía cinco hijos. Rodolfo, Plutarco, Natalia, Hortensia y Ernestina.

El camino de las armas

En 1911, en Agua Prieta, inicia un nuevo negocio, que era un almacén en el que se vendía de todo. El negocio marchaba regularmente bien, pero en septiembre de ese mismo año Calles se encuentra con lo que había de ser su destino último: la política. Sucedió que, casi de manera azarosa, el gobernador José Ma. Maytorena lo nombra comisario. A su ya acumulada, aunque no muy fructífera, experiencia de empresario, maestro y campesino, se aunaba ahora el trabajo político, que incluso tenía tintes de policiaco, pues su principal responsabilidad era la de mantener el orden, administrar la justicia y sobre todo supervisar el tráfico aduanal. Calles se encuentra perfectamente cómodo en esta nueva posición y rápidamente comienza su labor de limpia: reorganiza la cárcel y la sede de la comisaría, crea un salón escolar y mantiene a raya a algunos rebeldes. Tal vez por rencillas políticas o por sentirse amenazados a causa de sus oscuras operaciones fronterizas, los cónsules del gobierno maderista en Douglas y Laredo lo acusan ante Maytorena de conspirar contra el régimen, pero el gobernador hace caso omiso de esas acusaciones y sigue apoyándose en su habilidad y fuerza para mantener el orden en la región.

Ante el golpe de estado de Victoriano Huerta y el asesinato de Madero, Calles entra en un estado de indignación eufórica, rebasando incluso al propio gobernador Maytorena en cuanto a la toma de decisiones. Después de poner un telegrama al gobernador en el que lo incita a la rebelión armada, instala a su familia en Nogales y se dedica de lleno al reclutamiento de voluntarios en Douglas.

El 5 de marzo de 1913, Calles entra al país con un pequeño contingente, pero con el ánimo dispuesto a la lucha; inmediatamente se relaciona con otros jefes espontáneos de este brote insurrecto, como fueron Manuel M. Diéguez, Pedro F. Bracamontes y Estaban Baca Calderón, junto con quienes elabora un manifiesto conjunto, signado en Nacozari, el 12 de marzo de 1913, y que en su estilo literario revela la hechura del propio Calles:

> *¡A las armas!*
> *Los ciudadanos que empuñamos las armas para lanzarnos llenos de ardor y rebosantes de indignación al campo de la lucha no venimos animados de ese espíritu de sistemática rebeldía que perdura por algún tiempo en los pueblos sacudidos formidablemente por una revolución como la de 1910; venimos a cumplir con un deber como patriotas, rescatando de la tierra de la opresión al pueblo al que de nuevo trata de encadenar la usurpación. Como ciudadanos, salvando las instituciones republicanas de un régimen absolutista como el militar. Como hombres, enjugando las lágrimas de los que sufren cuando ven ocultarse el sol radiante de las libertades humanas en un ocaso de regresión y de estancamiento. Venimos a protestar contra el régimen y a llevar al banquillo de los acusados al criminal y a sus cómplices; es decir, a los Huerta y a los Blanquet, a los Díaz y a los Mondragón, a los De la Barra y a los Reyes y a tantos otros. Venimos a vengar el sangriento ultraje hecho a la ley, cuando asesinan al presidente de la República y a restituir a cañonazos el derecho de gentes conculcado; venimos a hacernos justicia, en representación de todo el pueblo mexicano, y a sentar la segunda piedra del Templo de Themis, derribado el 19 por la mano criminal de Félix Díaz, y el 23 de febrero próximo pasado, por la criminal y traidora de Victoriano Huerta. Venimos, en fin, a luchar sin tregua y con tesón contra el mal y continuar la revolución de 1910, a aportar nuestro contingente de sangre a la causa del pueblo, a sacrificarnos en holocausto en aras de*

las libertades públicas; a limpiar de traidores el país y a llevar a culatazos a la rendición, a los cobardes y a los indiferentes, a los serviles y a los acomodaticios; a los atrofiados de la conciencia y a los ociosos de la energía. A eso venimos y para eso empuñamos en 30-30.

Esta fue la entrada militar de Calles en la Revolución, sin embargo, el ímpetu retórico del manifiesto de Nacozari pronto se enfrentó con la dura realidad, como narra Adolfo de la Huerta en un pasaje de sus memorias:

Durante la Decena Trágica había habido en Agua Prieta algunas manifestaciones y algunos discursos Bravos de un tal Cesáreo G. Soriano, que las autoridades militares atribuían al Comisario Calles, o por lo menos lo acusaban de tolerarlas. El general Ojeda ordenó que acallaran aquellas protestas, y como Plutarco le contestara con algún retobo, lo mandó llamar y lo puso de oro y azul.

Plutarco había quedado muy resentido por aquello, y cuando Ojeda evacuó la plaza para dirigirse a Naco, quería organizar cuanto antes su expedición, dizque para ir a atacar a Ojeda, con los escasos cuatrocientos hombres mal armados y peor pertrechados de que disponía. Yo le dije: "Mira, dejémonos de bravatas y vamos poniéndonos en la realidad. Vamos a hacer que venga inmediatamente Bracamontes". Pedro Bracamontes, que había estado como prefecto de Moctezuma, fue llamado, y al día siguiente lo teníamos en Agua Prieta.

Ya con esos contingentes, salimos a enfrentarnos a Ojeda, que estaba parapetado con ocho o novecientos hombres en Naco. Creíamos que no se iba a atrever a salir, pues la táctica de los federales era luchar a la defensiva, y así nos estacionamos frente a Naco... Sale Ojeda de los límites de la ciudad de Naco y nos ataca furiosamente. Aquello fue un "desgarriate" general. Sale Calles en un caballo, en pelo; lo conocí por su joroba; pasa delante de mí, le sigue Pedro Bracamontes..., y es la gran desbandada... Por el camino iba la caravana de los desorganizados y azorados atacantes. Todavía en la Morita Vieja era el espanto de los derrotados, que querían dejar sus caballos y subirse al automóvil en el que llevaba yo algunos heridos que había recogido.

En esas condiciones llegué a Agua Prieta. Allí habían llamado a un tal doctor Randall, norteamericano, que, con su automóvil, estaba listo para atender a los heridos. Había dejado su auto cerca de la Comisaría, y cuando llegué, encontré tendidos debajo de él a Pedro Bracamontes y a Plutarco Elías Calles, ¡los jefes de la expedición!

Los levanté con gran trabajo y fui a albergarlos a un cuarto de la Comisaría de Agua Prieta, pues me había dado cuenta de que el ambiente en su contra era tremendo. Se decía que qué clase de jefes eran, que los habían metido en "la bola". Que eran unos cobardes; que eran los primeros en haber corrido y que los querían fusilar. Por eso los encerré allí, en el cuarto de "los tiliches"...

Posiblemente aquel fracaso militar de Calles inspiró a Obregón el chascarrillo que frecuentemente refería diciendo que en cierta ocasión, teniendo Calles cuarenta y cinco hombres a su mando, fue sitiado por el jefe orozquista doctor Huerta, un cubano nacionalizado mexicano, y que al frente de treinta y cinco hombres tenía sitiado a Plutarco y sus cuarenta y cinco hombres que se morían de sed. Que Calles, no pudiendo resistir más aquel tormento, decidió romper el sitio y montando ligero corcel logró salir entre el cerco de los sitiadores; pero era tal el pánico que sentía, que a pesar de que recorrió cerca de ocho leguas por las márgenes de un río, no se le ocurrió apaciguar su sed en las limpias aguas que vadeaba.

En aquellos momentos, el mando general del ejército sonorense estaba a cargo de Álvaro Obregón. En el norte, el jefe de operaciones era Juan Cabral; en el centro Salvador Alvarado, en buen amigo de Calles; en el sur, Benjamín Hill. Calles había recibido el grado de teniente coronel y el 16 de marzo emprende por su cuenta y riesgo la toma de

Naco, con los resultados que narra De la Huerta. Obregón había desautorizado la maniobra, pero su telegrama llega tarde. Calles es enviado a Nogales para organizar el abastecimiento de armas mientras Obregón comenta: *Calles no se acerca al peligro, va a pedirle chiche a Arnulfo Gómez para que lo ayude.*

A mediados de 1913, el gobernador Maytorena reasume la gubernatura del Estado y pretende recuperar el mando militar. Los jefes del movimiento que habían reaccionado de inmediato contra Huerta reprobaron desde un principio aquel exilio para el que Maytorena invocaba razones de salud, pero que ellos atribuían a la indecisión y aun a la cobardía. Con la llegada de Maytorena, Calles está a un paso de dejar el mando, pero lo salvan su tenacidad y la llegada de Venustiano Carranza a Sonora. En octubre apunta ya el distanciamiento entre el reconocido líder de la insurrección y Maytorena, y se alcanza el grado de mayor tensión cuando Carranza, a quien ya se llamaba el *Primer Jefe* nombra gobernador interino a Ignacio Pesqueira y Calles es ascendido a coronel. Al parecer, la reivindicación y ascenso de Calles fue obra de Carranza, quien muestra simpatía y confianza hacia él.

Mientras Maytorena se inclinaba cada vez más a aliarse con su compadre Pancho Villa y defender así la soberanía de su Estado. En marzo de 1914, el coronel Plutarco Elías Calles es designado comandante militar de la plaza de Hermosillo y jefe de las fuerzas fijas de Sonora, lo que representa la supremacía de Carranza sobre Maytorena, quien busca una alianza con Francisco Villa con objeto de recuperar su poder; aquellos movimientos representaban el inicio de una fase anárquica de la revolución, lo que era ya asumido como algo inevitable. Calles se dedica implacablemente a reducir el poder de Maytorena, hostilizándolo de múltiples maneras, entre otras cosas le cierra un diario, le quita su guardia personal y escribe a Carranza: *Tenga usted confianza en mis actos y en mi adhesión.* Maytorena, sin embargo, no se cruza de brazos; con apoyo de sus fuerzas yaquis combate abiertamente a Calles, obligándolo a replegar sus fuerzas.

En junio de 1914, Villa y Obregón, cada uno en sus espacios de influencia, logran victorias significativas. Seguramente, Carranza está consciente de que el trato con Villa no rebasará las vías de entendimiento político, por lo que recibe con particular agrado las continuas muestras de adhesión de Calles y decide apoyarlo incondicionalmente, con objeto de mantener un brazo de fuerza leal en el Norte. En el efímero acuerdo al que llegan Maytorena y Obregón en agosto de 1914, en presencia de Villa, Obregón accede a incorporar a sus fuerzas las de Calles, y trasladar a Chihuahua las de Maytorena; pero al poco tiempo Villa y Maytorena rompen definitivamente con Carranza, lo que vuelve a fortalecer a Calles, quien, en septiembre del mismo año, visita al Primer Jefe en la ciudad de México.

A fines de septiembre de 1914, Calles regresa a Sonora y pasa por Agua Prieta. Su padre lo ve pasar mientras se encontraba platicando con un muchacho, sentado a la entrada de su casa y tomando "pisto"; aquel muchacho, muchos años más tarde, recordaba las palabras del viejo Plutarco:

> *"Aquel es Plutarco, se cree gran cosa porque es coronel. Chiflaron a don Porfirio y ahora creen que van a ganar la Revolución... pero no van a ganar nada... les van a pegar", continuó después de echarse un pistito.*
>
> *Recuerdo que el general Calles iba muy apresurado. Pasó, vio a su padre sentado y lo saludó de lejos alzando el brazo derecho. Don Plutarco le correspondió y se fue levantando de su asiento lentamente, mirándolo alejarse. Noté que se emocionó, casi le rodaban las lágrimas al viejito mientras se sentaba de nuevo en su poltrona y volvía al pisto.*

El padre murió tres años después, en Agua Prieta, víctima de múltiples achaques que eran la secuela de su larga adicción; se dice que las enfermeras del hospital donde pasó sus últimas semanas le sacaban las botellas de licor que escondía bajo las sábanas.

El 1o. de octubre lleva a cabo, en Naco, un enfrentamiento decisivo entre las fuerzas de Calles y de Maytorena. Diez mil hombres ponen cerco a Naco por un largo lapso de 107 días. Calles y Benjamín Hill, con sólo ochocientos hombres, organizan ejemplarmente la resistencia, construyen alambrado y trincheras, prevén todos los detalles, de manera que la ciudad queda inexpugnable.

El encuentro con la vocación

La victoria de Naco le vale a Calles el ascenso a general brigadier y permanece en Agua Prieta, para organizar desde ahí las operaciones en contra de las fuerzas, cada vez más debilitadas, de Maytorena. El 4 de agosto de 1915 Carranza lo designa gobernador interino y comandante militar del estado de Sonora, lo que representa la gran oportunidad de realizar su auténtica vocación política; pero entonces se ve en la necesidad de enfrentar un problema mucho mayor que el de la influencia de Maytorena: la vigorosa fuerza de Francisco Villa.

El 1o. de noviembre de 1915, Villa ataca Agua Prieta, al frente de 18,000 hombres, pero Calles resiste y triunfa con menos de la cuarta parte de soldados, utilizando la misma estrategia de resistencia que le dio el triunfo en Naco: los dorados de Villa se estrellaron contra un emplazamiento de minas, alambrados, fosas y atrincheramientos dispuestos por Calles. Días después, en el pequeño pueblo de San José de la Cueva, Villa asesinaba a mansalva a todos los varones, incluido el cura. Entre ellos había varios de apellido Calles, lo que bien podía considerarse como una afrenta personal. Sin embargo, para Calles aquellas acciones representaban el fin de su carrera militar y el inicio de lo que fuera su verdadero propósito vital: su encumbramiento como dirigente político, a la manera de Carranza, pero con la particular orientación, o fantasía, de convertirse en una especie de dictador pedagógico, como si volviera a asumir la condición de maestro que había dado sentido a su vida.

El mismo día en que tomó posesión de la gubernatura de Sonora, Calles dio a conocer un amplio programa de gobierno, prueba de que había dedicado mucho tiempo antes de su ascenso al poder para pensar en la "revolución de ideales y las reformas hacia el progreso" que ahora presentaba al pueblo. Después de asegurar que respetaría las garantías individuales y las libertades políticas, adelantaba sus proyectos. Por supuesto, su objetivo prioritario era reformar el sistema educativo, abriendo escuelas en todos los pueblos de más de quinientos habitantes, obligando a las compañías mineras o industriales a instalar escuelas e instaurando, por su parte, un sistema de becas, bibliotecas, gabinetes, escuelas normales y toda clase de instituciones de enseñanza.

Como buen comisario que había sido, reformaría la justicia, promoviendo una nueva legislatura civil y penal. Uno de los puntos importantes de su gobierno era la reforma agraria, siendo el campo, en el que promovería mejores salarios para los trabajadores, así como la subdivisión de las grandes propiedades. Uno de sus grandes logros fue crear el Banco Agrícola de Sonora. En su proyecto también se preveía la conservación de los caminos y la apertura de otros nuevos, favoreciendo la competencia comercial en beneficio del consumidor; propondría un nuevo régimen fiscal, crearía instituciones de beneficencia, inculcaría hábitos de aseo mediante conferencias públicas y además impulsaría la formación de sindicatos y corporaciones de trabajadores.

Cuatro días después de tomar posesión, lanza su primer decreto, lo que más bien podría parecer un acto de suicidio político, por lo que vale la pena reproducir aquí:

> *Considerando que una de las causas de la decadencia de los pueblos ha sido el uso de las bebidas embriagantes, que además de producir el aniquilamiento físico y la perversión moral del individuo, es también uno de los principales factores de malestar económico; que es bien sabido que la criminalidad está en relación directa con el empleo de las bebidas alcohólicas y*

teniendo el gobierno constitucionalista la obligación de moralizar a los ciudadanos que están bajo su amparo y procurar su mejoramiento, no podría dejar de ocuparse de legislar inmediatamente sobre tan importante materia.

Por lo tanto, he tenido a bien emitir el siguiente decreto:

1. *Queda absolutamente prohibida en el Estado de Sonora la importación, venta y fabricación de bebidas embriagantes.*
2. *Se consideran como bebidas embriagantes aquellas que contengan alcohol en cualquier cantidad.*
3. *Las personas que infrinjan el Art. 1o. serán castigadas con cinco años de prisión que impondrá el Ejecutivo, mientras se restablece el Poder Judicial, haciendo constar el procedimiento en un acta donde se recibirá la declaración de los responsables y las pruebas que hubieren en pro o en contra. A los cómplices y encubridores se les impondrá prisión de tres y dos años, respectivamente.*
4. *Los delitos de embriaguez se castigarán con las penas que ya tienen señaladas en el Código Penal, llevándose a cabo el mismo procedimiento sumario que se expresa en la primera parte del Art. 3o., entre tanto se restablecen los tribunales.*

Entre la gran cantidad de decretos aparecían algunos de clara intención moralizante, prohibiendo, entre otras cosas, los juegos de azar, autorizando a la policía a aprehender no solamente a los organizadores y participantes, sino inclusive a los "mirones"; concede amnistía a los seguidores del "felón Villa" y suprime toda forma de tortura en las penitenciarías.

Tal vez partiendo de su idea de que los indígenas debían ser integrados a la modernidad, pues mientras permanecieran en sus ancestrales culturas no eran "hombres verdaderos", en 1916, Calles emite un decreto en el que priva de la ciudadanía a las *tribus errantes y las de los indios yaquis y mayos, en tanto conserven la organización anómala que hoy tienen sus rancherías y sus pueblos.*

En otro decreto hace pasar al dominio público todos los bienes de quienes hubieran prestado apoyo moral o material a Orozco, a Huerta o al gobierno de la Convención. Para depurar el servicio público, en mayo de 1916, distribuye entre los empleados públicos un cuestionario en el que se les conmina a declarar su lealtad al gobierno y confesar sus antiguas filiaciones políticas.

Todas las promesas de su programa de gobierno se fueron convirtiendo en decretos. Se ordenaba una vasta creación de escuelas, se establecía el catastro, se publicaba una amplia Ley Orgánica de los Tribunales del Estado, se fijaba el sueldo mínimo para jornaleros o peones y, como gran novedad, se declaraba de utilidad pública la explotación de todas las fuentes productivas del estado que permanecieran inactivas. Por supuesto, el rubro al que se dedicaba el mayor interés y presupuesto era el de educación.

Cuando en mayo de 1916 ocupa por unos meses la jefatura de Operaciones Militares del estado y Adolfo de la Huerta se convierte en gobernador interino, Calles ha emitido ya 56 decretos, habiendo producido casi seis por mes. Un año más tarde, el 25 de junio de 1917, toma posesión como gobernador constitucional, puesto que ocupa por un periodo que en esos tiempos podía considerarse largo, pues lo ejerció hasta mayo de 1919, fecha en que Carranza lo nombra Secretario de Industria, Comercio y Trabajo, cargo al que renunciaría en enero de 1920 para unirse a la campaña de Obregón.

En su Estado, Calles se manifestó como lo que sería de ahí en adelante, un gobernante firme y de "mano dura". Como ejemplo podemos citar la expulsión de varios simpatizantes de la liga anarquista IWW *(International Workers of the World)* y el fusilamiento de un viejo luchador social: Lázaro Gutiérrez de Lara. A los indios yaquis, que no duda en llamar "rémora fatal para el adelanto del Estado", los combate sin tregua, lo mismo que a las compañías norteamericanas que acaparan tierras inactivas. Una de sus medidas más radicales, de hecho sin precedentes en el país, fue expulsar de Sonora a todos los sacerdotes católicos, sin excepción.

Sin embargo, su obra más personal no es la destructiva, sino la institucionalidad educativa; inaugura la Escuela Normal para Profesores, organiza un Congreso de Pedagogía, abre 127 escuelas primarias, y en el mismo periodo constitucional concibe un proyecto que le es entrañable: las escuelas *Cruz Gálvez de Artes y Oficios,* para los huérfanos de la Revolución. El nombre de la escuela era en homenaje a un lugarteniente suyo caído en combate. Hacia agosto de 1917, circuló en Sonora un manifiesto *por la redención de la raza,* firmado por el general Calles, en el que explicaba el sentido de esa obra y solicitaba cooperación para ampliar su labor: se trataba de construir dos grandes edificios —uno para señoritas y otro para varones— por medio de suscripción pública.

> *Hace menos de dos años, en 1915, fundé las Escuela de Artes y Oficios para Huérfanos que hoy lleva el nombre de "Cruz Gálvez", impulsándome a ello las repetidas observaciones que al recorrer los distintos puntos del estado pude recoger en cuanto al número verdaderamente crecido de niños huérfanos o abandonados que encontré en casi todos los lugares. Casi todos esos niños, privados de todos los auxilios tanto morales como materiales, y entregados a una vida miserable y dolorosa, estaban necesariamente destinados a sufrir las eventualidades y vicisitudes consiguientes a su miseria y falta de educación, y probablemente también destinados, en gran parte, a engrosar el contingente ya demasiado numeroso proporcionado al crimen por el alcohol y tantos otros factores antisociales.*
>
> *Vivamente sentí desde luego la necesidad de contrarrestar tan grave peligro, no sólo como un sentimiento elemental de piedad, sino como un acto de defensa colectiva y como un deber sagrado de reparación de esa misma sociedad, cuya im-*

perfecta organización no en poca parte contribuye a producir semejantes males. Concebí así la idea de crear un asilo que, además de arrebatar a la indigencia y sin duda a la corrupción a aquellos seres infelices e inocentes, pudiera convertirlos en elementos de orden y de progreso, devolviéndolos más tarde a la misma sociedad ya hombres, aptos para el trabajo y moralmente sanos y fuertes.

La raíz personal es evidente, él funda las escuelas Cruz Gálvez para prevenir y reparar en la sociedad el abandono que él mismo había sufrido. De ahí que el decreto número 12, que anunciaba la creación de las escuelas, advirtiese que en ellas se protegería a "todos los huérfanos en general" y sin distinción de partidos políticos.

Para 1920, la institución contaba ya con las instalaciones adecuadas. El edificio de varones albergaba a 468 alumnos, todos internos; el de mujeres a 396 alumnas, entre ellas a las propias hijas de Calles. Se cursaban seis años de primaria y simultáneamente se les habilitaba en algún oficio que les permitiera ganarse la vida. En la escuela de varones se formó una banda de música, y en la de mujeres una orquesta. Al referirse al gobernador, todos, ellos y ellas, le decían "papá Calles".

Por su parte, Calles, a diferencia de su propio padre, nunca desatendió a sus niños, empezando por los propios, incluido Manuelito Elías Calles Ruiz, nacido, como él, fuera del matrimonio a mediados de 1920. En cuanto a los huérfanos de la Cruz Gálvez, la prueba de su devoción está en una carta del 7 de noviembre de 1919, enviada desde la ciudad de México al director de las escuelas:

Muy estimado amigo y compañero:

No puede usted imaginar el placer que me ha proporcionado con su apreciable de fecha 17 del próximo pasado de octubre, en la que me informa del triunfo obtenido por la orquesta de niñas de la escuela Cruz Gálvez, en la velada que tuvo verificativo en el teatro Noriega, la noche del 12 del mismo mes, con motivo de la celebración de la Fiesta de la Raza.

Los éxitos y los fracasos que tengan en las escuelas Cruz Gálvez los considero como míos, y gozaré con los primeros y sufriré con los segundos; así es que su carta ha venido a proporcionarme un momento de satisfacción en esta vida de lucha, y más he apreciado su noticia por ser la primera que me viene de Sonora, y que se relaciona con los trabajos de la escuela que tanto quiero.

Tiene usted razón en asegurar que nuestra orquesta sinfónica es la primera de la república, pues no hay otra igual, y ojalá llegue a ser la primera de la América, para orgullo de Sonora.

Yo soy un profano en materia de música, y tal vez por eso, o por el cariño que siento para mi escuela, la orquesta de la ópera me parece menos dulce, menos impresionante a la formada por nuestras niñas. Aplaudo sus entusiasmos; la obra de usted es meritoria, pues la música es un factor valiosísimo para formar almas buenas. Siga usted adelante sin desmayar; yo tengo la firme creencia que encontrará usted apoyo en el actual gobernador, nuestro amigo el señor De la Huerta. No hay día en que no esté mi pensamiento con ustedes, y me complace tener sus noticias; así es que espero no se olvidarán de mí y estaré dispuesto a ayudarlos en todo lo que me sea posible.

Con recuerdos cariñosos para todas las niñas, quedo su amigo y compañero que lo aprecia.

General Plutarco Elías Calles.

La fisonomía del dominio

La experiencia de Sonora fue como un laboratorio político para Calles, en este periodo se probaron una gran cantidad de proyectos sociales, algunos de ellos tan radicales que no podían contar con el debido consenso popular y tenían que ser llevados a la práctica por medio de la fuerza, y otros, como el educativo, que tenían un evidente impulso positivo, fueron plenamente aceptados socialmente, lo que en cierta manera, compensaba la otra cara del gobernante, la del dictador intolerante. Se ha dicho que el motivo profundo de Calles al emitir ese alud de leyes y decretos, y al forzar su cumplimiento, fue fundar otra vez la historia, como si el país tuviera que ser transformado de raíz, lo que es propio de un espíritu revolucionario, aunque carente de un sentido del cambio humanamente asequible y sobre todo democrático. Calles, es cierto, funda escuelas; pero su acción no tiene, como la tendrá la de Vasconcelos, una raigambre apostólica. Calles no busca convertir, ni salvar en el sentido trascendente de ambos términos; él es el maestro en el poder que, aprovechando toda experiencia práctica acumulada busca reformar, desde su origen, a la sociedad. Calles no funda de nuevo el mundo; no clausura su pasado, sino que lo integra racionalmente y lo devuelve, purificado e imperioso, a la realidad social, de una manera más bien abrupta y estridente.

Plutarco Elías Calles fue Secretario de Gobernación durante casi todo el periodo de Obregón. Su temperamento era prácticamente opuesto al de su jefe. Éste es expansivo, jovial, intuitivo, nervioso, sanguíneo, contradictorio; aquél, por el contrario, introvertido, serio, reflexivo, aplomado, racional, congruente. Es y parece fuerte, ecuánime e inflexible. A veces sonríe, pero casi nunca ríe. Su cara, como la razón, es simétrica. En la percepción de Bulnes, el general Calles... *tiene buen físico de dictador... su carácter es de dominador de fieras y pisoteador de sapos...* El encargado de la legación francesa en México escribe: *Es realista y frío, de espíritu claro y voluntad firme. Por momentos su ceño adopta un aire casi siniestro.*

Uno de sus contemporáneos hace esta descripción:

> *Es hombre corpulento, ancho de hombros y de actitud sombría. Bien podría uno decir: he aquí un bloque de granito humano. Su cara es dura, ajada, de rasgos agresivos, máscara de bronce que raramente se relaja. Sus ojos son pequeños, hundidos y sin expresión. Su pelo negro ya tiene toques de gris y su bigote recortado parece fuera de lugar en una cara tan severa.*
>
> *Calles, visto de espaldas* —escribe Martín Luis Guzmán— *da de sí una idea más fiel que visto de frente. Entonces, en efecto —oculta la falaz expresión de la cara—, sobresale la musculatura de efecto vigoroso, se le fortalecen los cuatro miembros, fuertes y ágiles, y todo en él cobra cierto aire seguro, cierta aptitud para consumar, con precisión, con energía, hasta los menores intentos. Y eso sí es muy suyo, pues cuadra bien con lo esencial de su persona íntima, con su voluntad, definida siempre; con su inteligencia, práctica y de muy pocas ideas; con su sensibilidad, remota, lenta, refractaria a los aguijones o los escrúpulos que desvían o detienen... No disimula, porque pareciendo tortuoso es directo, y pareciendo falso, es leal. En su naturaleza no cabe doblez. Hay sinceridad cuando se pasea por su despacho, profiriendo frases tan tremendas como airadas contra sus enemigos...*

Una de sus mayores cualidades como político es el silencio, lo que dio origen a una conseja popular: *En el hablar parco: Plutarco.* El silencio y la mirada. Calles no ve, taladra... *Con una mirada* —decía Indalecio Prieto— *le hace a uno su biografía.*

En circunstancias distintas de las que el país vivió entre 1920 y 1928, Calles y Obregón hubiesen chocado. Pero la historia y la política, más que la simpatía y la amistad, los unieron. El escritor Ramón Puente habla de la paradójica personalidad de Calles:

> *No hay manera de quebrantar esa dualidad. Calles comprende a fondo el espíritu de Obregón. Todo su instinto de psicólogo y toda su práctica pedagógica parece haberlos dedicado a sondear este espíritu. Lo entiende y lo sobrelleva como a un niño; lo penetra y lo domina como a un hombre. Y todo ese conocimiento, oculto tras el más completo hermetismo; y todo ese poder, disimulado bajo la discreción más perfecta... Obregón no llega nunca a conocer a Calles. No es su especialidad sondear almas. Es astuto, desconfiado, memorista para no olvidar ningún detalle, de viva percepción y de acción decisiva, pero no es profundo. A veces se pone la máscara de un actor para conseguir despistar, pero no tiene máscara auténtica: es indiscreto con las pupilas y con la boca. Por mucho que escudriña no traspasa el hermetismo de Calles. Toda su desconfianza se queda ante el dintel de un ministerio, o ante la vacilación de una duda.*

En el fondo, Obregón desprecia a Calles porque la vara con la que mide a los hombres es puramente militar; Calles es para él "el *general menos general entre los generales*". En el fondo también Calles tiene en menos a Obregón porque su criterio es ante todo mental. No se hubiese atrevido a emitir un juicio sobre Obregón, pero debió pensar que carecía de programa, pues él avanzaba a grandes pasos en el terreno político, aunque siempre bajo el ala militar representada por Obregón quien, ante el debilitamiento del gobierno de

Carranza, parecía ser el llamado a actuar como árbitro en el agitado panorama político de México.

Carranza, traicionado por la mayoría de sus antiguos seguidores, abandonó la capital el 7 de mayo de 1920, y cayó, como es sabido, en la celada de Tlaxcalaltongo, donde perdió la vida. Este episodio significa el triunfo del llamado *Plan de Agua Prieta,* elaborado apenas trece días antes de la caída de Carranza, en el que los tres grandes líderes del "Grupo Sonora" —Calles, Obregón y De la Huerta— desconocen al gobierno establecido y buscan asumir el poder. Sobre este importante episodio escribe Vasconcelos en su *Breve historia de México:*

> *Antes de que Carranza pereciera en su fuga, los alzados de Sonora legalizaron su movimiento poniéndolo bajo la dirección del gobernador local, don Adolfo de la Huerta. Un poco después, las Cámaras Federales nombraron presidente interino al mismo personaje, y Obregón hizo su entrada en la capital al frente de las fuerzas que se habían rebelado en el sur. Todo no fue sino un cuartelazo en grande, que por primera vez coincidía con los anhelos de la población.*
>
> *Don Adolfo de la Huerta, hombre honorable y que había pasado por las aulas, creó un gobierno de conciliación nacional. Abrió las puertas del país a todos los desterrados; devolvió su libertad a la prensa y a los tribunales... En acuerdo tácito con Obregón, que era el caudillo triunfante y el consabido presidente de las elecciones que estaban próximas, organizó De la Huerta un gabinete de hombres capaces y honorables. Al tomar posesión Obregón, casi no se modificó el personal de las secretarías de Estado. Lo mejor de la Revolución colaboró con Obregón en las primeras etapas de su gobierno. La circunstancia de que la administración obregonista no contaba con la venia de Washington y el no tener compromiso alguno con el exterior le aumentó la popularidad. Pues era sabido que el candidato derrotado, el señor Bonillas, ex embajador en Washington, gozaba de la confianza del Depar-*

tamento de Estado de Norteamérica, que le consideraba un simple continuador de los compromisos no escritos, pero fielmente observados por Carranza, en asuntos pertinentes a norteamericanos. Obregón nada intentó que hostilizase al gobierno americano; al contrario, con su claro sentido práctico, expresó la necesidad de cumplir con todos los compromisos internacionales.

Plutarco Elías Calles.

En sesión extraordinaria del Congreso, celebrada el 24 de mayo de 1920, cuatro días después de la muerte de Carranza, fue elegido presidente provisional Adolfo de la Huerta, únicamente para concluir el periodo de Carranza, al que faltaban solamente seis meses y cuatro días, tiempo apenas suficiente para organizar las siguientes elecciones. Finalmente, el 26 de octubre de 1920, la Cámara de Diputados hizo la declaratoria en favor del general Álvaro Obregón, como presidente electo de la República, para el periodo 1920-1924.

Calles, que en el triunvirato de Agua Prieta parecía ser el de menor relevancia, ocupó el cargo de Secretario de Gobernación durante el mandato de Obregón, distinguiéndose como dirigente laboral y como un anticlerical recalcitrante, lo que sería una constante inquietud para el propio Obregón, a quien no convenía una política de enfrentamiento.

A mediados de 1923 Calles se retira una temporada a la hacienda de Soledad de la Mota, en Nuevo León, propiedad de su hijo Plutarco. Ahí se da el gusto de inaugurar una escuela e imparte la primera lección. Se sabe ya elegido para suceder a Obregón y se aparta para reflexionar sobre lo que será su gobierno.

A pesar de las adhesiones que había logrado, su origen irregular sigue dándole dolores de cabeza. Algunas personas le atribuyen origen musulmán, otros corren el rumor de que tiene sangre siria, lo que le vale el mote de "El Turco". Además, siempre se señalaron los rasgos diferentes de su aspecto, lo que daba pie para toda clase de especulaciones. Lo cierto es que él mismo nunca se ocupó de aclarar su origen, tal vez porque no conocía su genealogía, por desprecio a esa clase de especulaciones, o por ocultar la irregularidad de su nacimiento.

Llegada la época de la renovación de poderes, cuando Obregón debía abandonar el mando, un amplio sector de la opinión pública se inclinó a favor de De la Huerta, quien incluso contaba con la simpatía de muchos militares de alto rango; pero, por lo visto, el triunvirato de Sonora ya se había disuelto y Obregón ponía todo su empeño en que el sucesor fuese Calles, lo que incitó a la rebelión, encabezada por De la Huerta quien, según Vasconcelos:...

> *Desgraciadamente se adelantó a las elecciones, se produjo cuando aún no se había consumado imposición alguna y a los jefes delahuertistas les faltó concierto; cada uno tenía ambiciones propias y Obregón, con su habitual pericia guerrera, los fue derrotando en detalle. Luego, en la victoria, se mostró feroz haciendo ejecutar sinnúmero de generales. Nunca había corrido tanta sangre para imponer a un presidente. Las batallas de Esperanza contra los delahuertistas, y de Ocotlán contra la división del general Estrada, son otras tantas manchas de quien había asaltado el poder para evitar que Carranza consumase una imposición presidencial.*

La presidencia

Por supuesto, el general Calles resultó triunfador en las elecciones de 1924; pero antes de asumir la presidencia de la República, entre agosto y octubre, Calles viaja a Europa con parte de su familia. Uno de sus propósitos en internarse en el famoso hospital Grunewald para tratarse de los agudos dolores de una pierna heredados del largo sitio de Naco. Ya en 1921 había visitado las clínicas Mayo, en Rochester, para curar una "ataraxia locomotriz", pero el objetivo político de su viaje no es menos importante: estudiar la organización política, económica y social de Europa; en particular de la Alemania socialdemócrata, regida por Friedrich Ebert. Hasta entonces se consideraba a sí mismo socialista y había tenido el gran apoyo del gobernador socialista de Yucatán Felipe Carrillo Puerto; su viaje a Europa lo volvería más ingeniero social que socialista.

En Alemania se acercó a industrias y cooperativas y pidió copias de cada instrumento de trabajo. Al poco tiempo, en su escritorio hojeaba, debidamente traducidos, documentos en lo que se reseñaban los planes más relevantes de la organización política alemana en ese momento. En Hamburgo, Calles se permitió declarar que México abriría generosamente sus puertas a los inmigrantes europeos, especialmente a los judíos. Su mensaje traspasó las fronteras de Alemania y llegó hasta algunas pequeñas ciudades polacas.

De Alemania se dirigió a Francia, donde el primer ministro socialista, Edouard Herriot, lo recibió con honores. Por alguna razón no viajó Inglaterra, pues seguramente era de su interés estudiar a fondo el movimiento laborista con el cual simpatizaba mucho, a tal grado, que años más tar-

Calles asume la presidencia ante el Congreso en 1924.

de, en ocasión de una gran huelga, les enviaría doscientos mil dólares a los mineros de carbón, por cuenta del gobierno mexicano. Seguramente hubiera querido visitar también la Italia de Mussolini; no lo hizo, pero tomó buena nota del ascenso político de las masas.

De Europa pasó a los Estados Unidos, donde visitó al presidente Coolidge y asistió a un banquete en su honor organizado por el AFL (American Federation of Labour), en el que habló el famoso líder Samuel Gompers.

Calles tomó posesión de la Presidencia de la República el primero de diciembre de 1924, guiado por su larga y difícil experiencia vital, y después de observar con detenimiento la organización social europea, estaba seguro de conocer su lección. Ahora buscaría la manera de aplicarla.

El mismo día de la toma de posesión, Calles tuvo que dar la cara al gobierno norteamericano, por medio de una entrevista que concedió al periodista Otherman Stevens, enviado especial de W. Randoph Hearst; esta entrevista representa una declaratoria mínima de intención frente a los centros de poder y la opinión pública norteamericana, pero también daría pie para que se fijara en la sensibilidad mexicana cuál sería el tono político del nuevo régimen:

—¿Puede usted facilitarme sus ideas respecto al nuevo tratado entre México y los Estados Unidos del Norte, especialmente en conexión con el propósito de reciprocidad en cuestiones comerciales?

—Por mi ausencia del país durante varios meses y mi alejamiento del gobierno durante todo el tiempo que duró mi campaña electoral, no estoy enterado del nuevo tratado al que usted se refiere; pero indudablemente que, en general, en cualquier tratado las cláusulas de reciprocidad son aceptables.

—¿Puede usted decirme si en su concepto la aplicación de las leyes agrarias ha producido los beneficios deseados por el gobierno o no? Hay mucha confusión en la mente extranjera por esa cuestión.

—La aplicación de las leyes agrarias ha producido, en parte, los beneficios deseados por los gobiernos revolucionarios, pero no se obtendrán de modo total esos beneficios, en mi concepto, en tanto no se aborde el problema de las tierras de un modo completo e integral, que comprenda no sólo la entrega de la tierra sino la garantía de su producción, haciendo que el que la recibe sea dotado también de las semillas, aguas, implementos y crédito necesarios para el cultivo de la tierra. Ya he dicho que considero el sistema ejidal como un paso para conseguir el desiderátum de extender la pequeña propiedad que hará rica y próspera la agricultura nacional.

—¿Puede usted decirme cuál problema considera más importante de los que se propone solucionar mediante su administración?

—Los pilares fundamentales para el mejoramiento de las grandes colectividades de mi país y especialmente de las masas campesinas, obreras e indígenas, son su liberación económica y su desarrollo educacional, hasta lograr su incorporación plena a la vida civilizada. El problema de las tierras resucitó en la forma que he apuntado y que aumentará la producción agrícola y traerá la liberación económica del campesino, la educación de la población rural del país, y la consolidación de los derechos y la protección legal del elemento trabajador de las ciudades y de los centros industriales, serán los móviles preferentes de mi administración que, por lo demás, ha de desarrollarse a base de equidad y de justicia para todas las clases sociales.

—¿Hay razones para creer, por sus observaciones recientes, que las relaciones con los Estados Unidos del Norte van a continuar siendo buenas y que van a mejorar?

—Estoy absolutamente convencido de que el acercamiento cada día mayor entre los pueblos y los gobiernos de los dos países garantizará la cordialidad de nuestras relaciones con los Estados Unidos, y que estas relaciones serán cada día más cordiales por la comprensión más efectiva y práctica que va produciéndose entre los componentes de ambos pueblos. Creo también que influirá en modo muy benéfico la relación personal y amistosa que se ha establecido entre las personalidades de aquel gobierno y las del gobierno de México, con motivo de mi último viaje.

—Hay rumores de que ciertos elementos descontentos tratan de estorbar la buena marcha de su administración. ¿Cree usted que existan en realidad esos elementos?

—No sé nada en concreto a este respecto. Sólo puedo asegurarle que si esos elementos descontentos van al campo de la rebeldía, serán debidamente castigados.

—¿Tiene usted planes definitivos para extender el sistema de educación durante su periodo?

—Ya he indicado al contestar alguna pregunta anterior que el problema educacional de las masas rurales será uno de los que preferentemente absorberá mi atención. Los sistemas especiales a este respecto serán estudiados en detalle por la Secretaría de Educación Pública; pero sí puedo desde ahora marcar el lineamiento general de esos trabajos, que consistirán no sólo en combatir el analfabetismo, sino conseguir un desarrollo armónico del espíritu de nuestra población campesina e indígena para que, como antes dije, pueda esta población tan grande de nuestro pueblo incorporarse plenamente a la civilización. En concreto, la escuela rural extendida hasta el extremo que lo permitan nuestras posibilidades económicas será nuestra preocupación constante.

—¿Cuál será la actitud de su administración por lo que toca a la inmigración?

—Sujetarme a lo que las leyes sobre la materia indican. No sé que existan en cartera en las cámaras legisladoras proyectos tendientes a modificar nuestras reglas de inmigración. Por lo demás, toda esta inmigración de hombres de buena voluntad que traigan a este país el contingente de su capital, de su inteligencia o de su esfuerzo, será debidamente estimulada y apreciada.

—¿El banco único funcionará en un futuro inmediato?

—No puedo indicar con seguridad cuándo funcionará

este banco; pero para lograr su establecimiento no hemos de escatimar esfuerzo, procurando fundarlo con los elementos y recursos interiores de nuestro país, para que sea, como tiene que ser, dados sus propósitos, una institución netamente nacional, y para desarrollar el crédito y los recursos nacionales.

De la jefatura a la estatización

Desde los inicios del mandato de Calles, se percibe la tendencia al establecimiento de un orden político, —de una estructura sólida de gobierno que pudiera superar la incertidumbre provocada por el ambiente de cambio constante y lucha de poder. Lo que ahora se imponía era una etapa de estabilidad, una fase de construcción e institucionalidad, y eso es en lo que Calles cifra su responsabilidad histórica. *A mi juicio, y lo digo con toda buena fe* —explicó Calles días después de tomar posesión—, *el movimiento revolucionario ha entrado en su fase constructiva.* En los dos primeros años de su gobierno (1925-1926), ése fue, en efecto, su rasgo característico: repetir en el ámbito nacional, pero ahora ampliada y enriquecida, la labor del gobierno de su Estado, con toda su carga de leyes y decretos, aunque ahora de una manera menos prepotente y más cuidadosa, dado que el campo de acción era mucho más amplio y complejo, además de que ahora se encontraba frente a la observación internacional, y en especial sometido al minucioso escrutinio de los norteamericanos.

Los primeros frentes de su acción fueron los asuntos bancario y fiscal, con la eficaz colaboración de su ministro de Hacienda, Alberto J. Pani, con quien trabajaba muy de cerca un joven brillante que había sido ya, durante el régimen de Obregón, subsecretario de Hacienda y agente financiero del gobierno mexicano en Nueva York: Manuel Gómez Morín. El 7 de enero de 1925, el flamante equipo financiero emite la primera de sus importantes contribuciones: la Ley General de Instituciones de Crédito, que era una reforma completa de la antigua ley de Ives Limantour, que databa de 1897. Cinco días más tarde, se funda la Comisión Nacional Bancaria y en agosto se reúne la primera Convención Nacional Fiscal. En ella se habrían de establecer las bases de la política económica del régimen, expresada en palabras de Gómez Morín:

Después de tantos años de depresión económica, después de haber sufrido las consecuencias de una economía manejada sin concierto, la República empieza a ver claro su porvenir económico. La estabilización de un régimen político, la posibilidad de que ese régimen organice una economía que en siete meses es ya más importante que la que el otro régimen organizara en treinta años, la eficacia con que esa economía se empleará en unos cuantos días más para fundar el crédito público en México, las indiscutibles ventajas que se seguirán en el desarrollo del mercado de los productos nacionales con el hecho de que haya una institución que organice y controle el crédito, todo esto nos autoriza para pensar que México está en una nueva era de prosperidad económica.

En efecto, días después, el primero de septiembre, se realiza uno de los viejos sueños acariciados por todos los gobiernos mexicanos desde el propio de Porfirio Díaz: el banco único de emisión, es decir, el Banco de México. Gómez Morín, coautor principal de su ley de organización, escribía con gran entusiasmo a su escéptico amigo José Vasconcelos:

El banco ha sido un éxito completo y entró, como dicen, con el pie derecho. El consejo es absolutamente independiente... ¿No le parece admirable que haya sido posible fundar el Banco con sólo diez meses de ahorro?

El Banco de México comenzó a operar con muchas dificultades, con muy pocos bancos asociados, acosado por el recelo de la mayoría de las instituciones bancarias de la república y por la plaga de los generales que acudían a sus oficinas a pedir créditos directos. Gómez Morín, presidente del Consejo de Administración, sabía que los primeros años serían cruciales y optó conscientemente, por una política conservadora: emitió cantidades muy reducidas de billetes, admitió que el banco operase por un tiempo como un banco comercial más, fortaleciendo su crédito y persuadiendo poco a poco a los otros bancos de las ventajas de la asociación; concedió algunos créditos personales y sobrepasó el límite de sus préstamos al gobierno, pero junto a estas desviaciones avanzó profundamente con su consolidación. En su informe anual de marzo de 1928, Gómez Morín profetizaba, con razón, una existencia larga y fructífera.

El primero de febrero de 1926, el gobierno de Calles dio otro paso en el frente de la reconstrucción crediticia; fundó el Banco Nacional de Crédito Agrícola, creación también de Gómez Morín, quien consideraba la nueva institución como *"una de las cosas más grandes que se han hecho en toda la Revolución"*. En él, Calles veía reflejadas las ideas que había traído de Alemania sobre sociedades cooperativas y cajas de ahorro. La institución debía funcionar, de hecho, como un banco que refaccionara a las sociedades regionales y locales de agricultores y debía promover una gran descentralización agrícola.

En 1927 se habían formado ya 378 sociedades locales que contaban con diecisiete mil miembros. El Banco Nacional de Crédito Agrícola funcionaba con dinamismo, pero acosado por la misma plaga del Banco de México: los generales. Para su desgracia, no se defendió como aquél: abundaron los llamados "préstamos a favor" a varios generales, y a uno sobre todo: Álvaro Obregón. Años después, al reflexionar sobre el destino irregular de la institución que fundó, Gómez Morín seguía pensando que el régimen tutelar por el que había optado era el correcto, y que la falla había sido otra muy diferente:

Fue demasiada confianza en los hombres y un olvido completo del servilismo, de la cobardía o de la simple fuerza de las circunstancias que obligan en México a la gente a callarse cuando debieran rebelarse, o decir sí cuando debiera decir no.

La tendencia estatizadora del régimen de Calles avanzó con agilidad y eficiencia en los principales aspectos de la vida económica nacional: se logró una cierta racionalidad presupuestaria y se introdujo una enmienda al servicio de la deuda externa, lo que permitió mantener el gasto público en un nivel relativamente alto, a pesar de la escasa inversión productiva por parte de los hombres de negocios nacionales y extranjeros, quienes demandaban una mayor seguridad. Uno de los grandes problemas financieros del régimen era, sin duda, el elevado costo del ejército, pues éste representaba por lo menos la tercera parte del presupuesto gubernamental, lo que frenaba la creación de infraestructura. Sin embargo, en aquellos tiempos, aquel gasto era todavía parte de la factura revolucionaria.

Uno de los intereses privilegiados del régimen era el desarrollo de los medios de transporte, como un elemento fundamental de infraestructura económica. Se trataba, principalmente, de invertir en ferrocarriles y carreteras. Para resolver de un plumazo el complejo problema de los ferrocarriles, abrumados por una inmensa deuda, Pani discurrió su devolución a manos privadas, con lo que restaba de la deuda ferrocarrilera, cuyo monto era de cerca de cuatrocientos millones de dólares, a la deuda nacional. El problema, por desgracia, tenía otras ramificaciones; por lo menos desde el punto de vista contable, la empresa ferroviaria se encontraba en déficit, a pesar de que había visto crecer grandemente, desde 1910, su volumen de carga, sus ingresos y el número de pasajeros, pero estaba muy lejos de alcanzar el 65 por ciento con que, en el mismo periodo, se había incrementado su planta de trabajadores y el 225 por ciento de aumentos salariales. El problema financiero consistía en el exceso de personal, pero cualquier intento por resolverlo supondría pérdidas no de dinero sino de vidas. La operación, tal como se planteó al principio, tuvo que cancelarse. Y sin embargo, en otro ámbito, el gobierno de Calles se apuntó un gran logro: la terminación del ferrocarril Sudpacífico, que unía Nogales, Hermosillo, Guaymas, Mazatlán, Tepic y Guadalajara.

Por el contrario, el programa de desarrollo carretero funcionaba con toda eficacia. Al principio de su régimen, Calles convoca a una junta de gobernadores en la que se decide la construcción de diez mil kilómetros de carreteras en apenas cuatro años. En septiembre de 1925 se crea la Comisión Nacional de Caminos, que trabaja con eficacia. El 19 de septiembre del año siguiente se inaugura la carretera México-Puebla, de 135 kilómetros, que debía seguir hasta Veracruz. Ese mismo año se abre la de Pachuca, que el futuro entroncaría con la Carretera Panamericana, cuyo punto de partida sería Nuevo Laredo. El 11 de noviembre de 1927, el turista capitalino puede ir ya a Acapulco, recorriendo 462 kilómetros. La fiebre carretera se contagió a otros lugares. En Veracruz, por ejemplo, se concluyó el camino de San Andrés Tuxtla a Catemaco. Al final de su periodo, Calles podía estar satisfecho. Aunque la meta de diez mil kilómetros había resultado más que utópica, se completaron cerca de setecientos kilómetros de carreteras varias y sin mucho costo para el erario: el impuesto sobre la gasolina autofinanciaba, en buena medida, los proyectos.

Otro de los grandes objetivos de Calles era el desarrollo de una gran infraestructura hidráulica, con objeto de pasar de la primitiva agricultura de temporal a la de riego. En enero de 1926, Calles expide la Ley Federal de Irrigación; pretende, por supuesto, aumentar la superficie irrigada, pero con ello busca también favorecer la pequeña propiedad y la colonización. Se creó entonces, la Comisión Federal de Irrigación, y se invitó expresamente a colonos de Hungría, Italia y Polonia. Los colonos recibirían dirección y consejo de expertos encargados de las granjas experimentales que se establecerían en cada caso. Hacia 1928, el gobierno de Calles había invertido veintiocho millones de pesos en varias presas. No en todas tuvo éxito, pero nadie podía negarle, al menos, el mérito de ser el iniciador de un proceso que rendiría sus frutos a largo plazo. Junto a los bancos, las carreteras y las presas, que deberían impulsar el campo hacia la modernidad, Calles promovió un cuarto elemento, entrañable para él: la escuela. La labor educativa tenía varios niveles; en el primero estaba la escuela rural, y el nuevo apóstol de ella era Moisés Sáenz, pastor protestante educado primero en Jalapa y más tarde en la Universidad de Columbia, que soñaba con hacer de la escuela el motor vital de la comunidad. Los libros clásicos y las artes, instrumentos educativos del proyecto de Vasconcelos, cedían paso a un concepto más pragmático: higiene, deportes y oficios. Calles resumía así el nuevo espíritu de las cuatro mil escuelas rurales que estaban en operación:

> *Para el plan de trabajo dictado para las escuelas rurales se ha querido conseguir que la escuela rural sea el centro y el origen de actividades sociales benéficas a la comunidad, siempre del todo alejadas de la política electoral personalista, y que los conocimientos que los alumnos adquieran... les abran nuevos horizontes de una vida mejor para la adquisición de habilidades manuales y espirituales que se traduzcan en aumento de su capacidad económica.*

Los resultados efectivos de las escuelas rurales no fueron tan satisfactorios como esperaban sus inspiradores. Tal vez faltaba una mayor entrega por parte de los maestros, pero sobre todo hacía falta una mayor congruencia entre la educación y la tradición, en todos sus aspectos; la pedagogía callista tenía un fuerte tono de ruptura con todo lo anterior, como si las personas y las comunidades no tuvieran historia. La modernización educativa, por lo demás, parecía encontrar barreras casi infranqueables. El propio Sáenz lo admitía con honestidad: *La vida cuaja en moldes viejos. El débil reflejo de la escuela se pierde en la penumbra del subconsciente.*

En la ciudad de México, el régimen callista introdujo varias novedades educacionales: se abrieron las primeras escuelas secundarias, se consolidó un Departamento de Enseñanza Técnica e Industrial, y, por primera vez, se difundieron por radio clases prácticas de toda índole. En la capital se instituyó también la Casa del Estudiante Indígena, para lo que, en principio se trasladaron a ella doscientos indígenas monolingües. *Lo que yo propongo* —expresaba Calles— *es ofrecer al indio la oportunidad de que se convierta en hombre verdadero.* De aquellos estudiantes se esperaba que regresaran a su tierra para transmitir todo lo "verdadero" que aprendieran en la ciudad. Para decepción del régimen, al terminar los cursos ninguno volvió a su tierra. La Casa cerró sus puertas en 1932, sin percatarse de que, monolingües o no, aquellos estudiantes habían sido siempre "hombres verdaderos".

Entre todos los proyectos educacionales, Calles tenía uno en verdad preferido: las escuelas centrales agrícolas. No era el único que fincaba en esta institución sus esperanzas. El joven Daniel Cosío Villegas, estudiante de agronomía en Cornell, pensaba que de ellas había que *esperar la salvación de la patria.* Su creador era un ingeniero agrónomo avecindado en México desde tiempos de la Revolución: Gonzalo Robles. Además de tener notable preparación teórica, Robles había viajado por muchas partes del mundo tomando notas sobre el desarrollo agrícola; Carranza lo había mandado a observar ranchos al sur de los Estados Unidos, y Obregón a Europa, Asia y América Latina. En Bélgica estudió la integración de sistemas comunicantes entre escuelas, bancos y cooperativas agrícolas. En Argentina observó el funcionamiento de empresas agrícolas e industriales. Era natural que Calles buscara el aprovechamiento de esos conocimientos.

El 16 de marzo de 1926, se expide la Ley de Escuelas Centrales Agrícolas y Bancos Ejidales. Aunque la politización terminaría por mermar sus beneficios y desvirtuar su sentido original, en 1927 se habían abierto ya en Durango, Guanajuato y Michoacán escuelas dotadas de edificios, quinientas hectáreas con huertas y viñedos, establos y radio. Ese mismo año había 675 alumnos inscritos; los bancos asociados contaban ya con 19,218 miembros y se habían formado 276 cooperativas.

En cierta ocasión, al inaugurar una de estas escuelas centrales, el presidente Calles y un periodista norteamericano miraban bailar a una pareja de jóvenes... *He ahí la materia prima de la cual estamos modelando el nuevo México,* dijo Calles, y señalando a unos peones que se escondían a lo lejos agregó: *Esa pareja representa la evolución de aquellos tipos primitivos que ves allá.* Más tarde, al clavar los ojos en la guardia de honor formada por estudiantes vestidos de caqui, emocionado, el presidente hizo una definición de su filosofía educativa y agrícola:

> *Esto es lo mejor que se puede contemplar en México, pues estos muchachos son hijos de peones que viven en chozas de paja, duermen en el suelo y andan descalzos todo el año. Las nuevas instituciones agrícolas permitirán a la nueva generación que se libere de esa esclavitud. Los colegios agrícolas constituyen, pues, el frente en mi guerra contra el arado de madera y todo lo que representa.*

Esta "fase constructiva" de la revolución —como decía Calles— tuvo otros frentes: la modernización del ejército, elaboración de los primeros contratos-ley en la industria textil, leyes y campañas de salud pública, proyectos de vivienda, exaltación del porte, guerra al alcoholismo, depuración de la estadística nacional y, de nuevo, como en Sonora, un alud de leyes como la petrolera, la forestal, la postal y las de extranjería, comunicaciones, colonización, pensiones civiles, migración, etc. El cuerpo de leyes más importante para Calles se elaboró en su periodo, pero entraría en vigor tiempo después. Se trataba de un nuevo código civil, al que llegaría a nombrársele "Código Calles". Su propósito, explicaba el Presidente, consistía en:

> *Socializar en cuanto fuese posible el derecho civil preparando el camino para que se convierta en un derecho privado social... extender la esfera del derecho del rico al pobre, del propietario al trabajador, del industrial al asalariado, del hombre a la mujer... derogar todo cuanto favorece exclusivamente el interés particular con perjuicio de la colectividad.*

En una de sus cláusulas, el código borraba definitivamente la diferencia entre hijos ilegítimos y naturales, lo que resulta muy significativo si recordamos el origen de Calles.

La gran novedad del régimen fue la ampliación del papel económico del Estado. El régimen porfiriano había intervenido ya en la economía, pero no con un propósito social; en este sentido, el gobierno de Calles buscaba dar vigencia a los principios de la revolución, creando un gobierno fuerte, capaz de intervenir como una instancia de justicia social en las transacciones económicas, lo que se planteaba como una necesaria protección de la parte vulnerable de todo proceso económico capitalista, es decir de la inmensa mayoría de la gente, que no posee sino su fuerza de trabajo como recurso de vida.

Al respecto, Jean Meyer escribe:

> *Principal instrumento de capitalización de los recursos financieros, poder regulador, principal interlocutor con los grupos internacionales, el Estado con Calles se presenta inevitablemente como único intérprete del interés público y empieza a definirse en esos años como una institución "sui generis", con responsabilidades económicas directas y muy amplias.*

A falta de una clase social económicamente poderosa y capaz de remolcar al país hacia el progreso material, el Estado tenía que tomar la iniciativa, creando bancos, presas, caminos, escuelas, leyes e instituciones para la sociedad. En la práctica, el conflicto de fondo estaría en la orientación básica de esas medidas, en el paradigma de desarrollo que daría sentido a todas las iniciativas en busca del efecto deseado.

El líder obrero más poderoso de la década de 1920, Luis Napoleón Morones, apoyó a Calles como candidato a la presidencia.

La biografía de Calles no determinó ese paradigma, pero sí dio un perfil particular a su política. La fase constructiva de la acción estatal callista cifró su esperanza en la escuela práctica y el trabajo agrícola como motores del progreso. Eran los mismos motores que, a juicio de Calles, habían impulsado su personal evolución.

En cuanto a la política externa, sobre todo en las relaciones con los Estados Unidos, Calles se permitió desactivar lo más posible los Tratados de Bucareli e intentó volver a las posiciones de Carranza, que no eran otras que el apego a la Constitución. En la Cámara se discuten varios proyectos reglamentarios sobre el petróleo. El más radical se debe a Morones, zar de la CROM y muy influyente como ministro de Industria, Comercio y Trabajo; el más suave lo patrocinan Pani, ministro de Hacienda y Aarón Sáenz, secretario de Relaciones. Las compañías petroleras se oponen a cualquiera de ellos, pero temen que se expida el primero. El embajador norteamericano, Sheffield, se muestra receloso y agresivo, cree que México será, o es ya, el segundo país comunista el mundo.

Diplomacia peligrosa

El 12 de junio de 1925, el secretario de Estado, Kellogg, lanza la primera amenaza del periodo:

Este gobierno continuará apoyando al de México solamente mientras proteja las vidas y los intereses americanos y cumpla con sus compromisos y obligaciones internacionales. El gobierno de México está ahora a prueba ante el mundo.

Un año después, rotas las relaciones entre el gobierno y las empresas, se expide el reglamento petrolero. De haber contado sólo la opinión de los petroleros, los colonos norteamericanos o Sheffield, Estados Unidos hubiese invadido México. Pero otras fuerzas presionaban en Washington, junto a los intelectuales, la prensa y los demócratas del Congreso: el comercio y los banqueros, que sin ser hermanas de la caridad, favorecían un arreglo pacífico.

El 10 de noviembre de 1926, *The New York Times* anuncia que ha llegado el momento de romper con México. A la querella petrolera se agrega ahora un asunto internacional: México y Estados Unidos apoyan fuerzas contrarias en Nicaragua. Estados Unidos prefiere a Díaz, México se inclina por el liberal Sacasa, y no sólo con palabras, como recuerda el general mexicano Escamilla Garza:

El general Calles envió dos expediciones a Nicaragua, una por el Pacífico y otra por el Atlántico. Yo iba al mando de tres barcos: el Foam, la Camelia y el Johnson. Nos fuimos costeando para evitar a los barcos gringos. Luego de puerto cabeza acabalé quinientos hombres, la mayoría mexicanos. La otra expedición la encabezaba el general Irías. Después de 56 combates y escaramuzas, llegamos a los arreglos de Tipitapa con los americanos cuando ya casi tenían sitiada a Managua. Eran mis segundos los alemanes Federico Messer y Adolfo Miller.

Para colmar el plato de quienes temían el giro hacia la izquierda de México, llega a México la primera embajadora soviética: Alejandra Kolontai, permitiéndose declarar a su llegada: *"No hay dos países en el mundo con mayor afinidad que el México moderno y la nueva Rusia"*.

En medio de una gran tensión, el presidente Calles recibe a un grupo de cuarenta norteamericanos, encabezados por Hubert C. Herring, quienes, según la nota periodística dada por la presidencia eran "excursionistas" que habían venido a México para "estudiar nuestros problemas y formarse un concepto verdadero de nuestra situación". En realidad, aquellos excursionistas sometieron a Calles a un severo interrogatorio, del que destacamos los siguientes puntos:

Herring: Uno de los miembros de esta representación me dice que pregunte a usted si en caso de que los Estados Unidos retiren el reconocimiento al gobierno de México, este acto significaría una ayuda para los rebeldes que desean derrocar el actual régimen.

Calles: Indudablemente, así sucedería. Los enemigos de mi gobierno pueden ser clasificados en tres grupos: el clero católico romano; algunos elementos políticos y las fuerzas reaccionarias que encontrarían, en la ruptura de relaciones con los Estados Unidos, una oportunidad, y aun pretenderían ver en ello un apoyo para desarrollar sus actividades rebeldes contra el gobierno y sus instituciones. Esto ya está sucediendo, pues el clero católico está agitando a algunos grupos de fanáticos y los está llevando a la rebelión, habiéndose registrado ya varios brotes que el gobierno está castigando enérgicamente.

Mas lo triste de esta situación es que, generalmente, está siendo llevada al campo rebelde entre gente ignorante que es la que sufre las consecuencias, en tanto que los verdaderos responsables siempre se quedan escondidos en sus casas.

Los políticos que están refugiados en los Estados Unidos en estos momentos, también han entrado en agitación, procurando obtener elementos de guerra para traerlos a México, pero pueden ustedes tener la seguridad absoluta de que el gobierno de la República está en condiciones de dominar cualquier trastorno del orden interior que se presente.

Herring: Señor presidente, ¿podría usted decirnos algo de la cuestión de Nicaragua?
Calles: El gobierno de México ha diferido en este asunto del criterio de los Estados Unidos por razones de orden moral. Después de muchos años de existir en Nicaragua una tiranía personificada por la familia Chamorro y Adolfo Díaz, se estableció en aquel país un gobierno constitucional, nacido de una elección popular. Este gobierno estaba representado por el presidente Solórzano y el vicepresidente Sacaza, estando los demás poderes constituidos legítimamente. Era un gobierno que tenía todas las características de legalidad, estaba desarrollando sus actividades en perfecta legalidad y haciendo esfuerzos para ver si conseguía el mejoramiento de las colectividades en su país. En estas condiciones, uno de los viejos dictadores de Nicaragua no podía quedar satisfecho con esta situación y se lanzó a la lucha, lucha que fue encabezada por el vicepresidente Sacasa, que representaba la legalidad en Nicaragua. Se establecieron dos gobiernos: el gobierno de la violencia y el de la legalidad; México ha reconocido el gobierno de la legalidad. Ese es nuestro criterio respecto de la situación de Nicaragua.

Herring: ¿México estaría conforme en que se sometiera el asunto a la consideración del tribunal de La Haya o a cualquier otro tribunal de arbitraje internacional?
Calles: Si se hace necesario, con todo gusto lo haríamos, aunque para la soberanía de los pueblos no deja esto de

encerrar un peligro, y los precedentes que se sentarían serían también fatales para la libertad y para la soberanía de las naciones; porque para un pueblo que en uso de esa soberanía expide leyes que estima necesarias y convenientes, es muy peligroso que otros pueblos vengan a discutirlas, y muy peligroso también someterlas a tribunales de arbitraje internacional, ya que, por experiencia dolorosa, sabemos, y la historia nos demuestra con toda claridad, que en todas esas cortes internacionales siempre el criterio de los fuertes es el que predomina. Pero si se hace necesario hacer un sacrificio, a fin de evitar más serias dificultades para ambos países, no habría inconveniente en someter, a riesgo de los peligros que acabo de anotar, a un tribunal de arbitraje, porque de dos males, siempre hay que escoger el menor.

Herring: Desde el punto de vista de las dificultades actuales entre México y los Estados Unidos, ¿qué desearía usted hacer conocer al pueblo norteamericano?
Calles: Que México puede demostrar, con claridad meridiana, que en la presente situación le asiste toda la justicia; que las dificultades existentes no son entre el pueblo de México y el de los Estados Unidos, sino entre el pueblo de México y un pequeño grupo de capitalistas norteamericanos que han tratado de influir al Departamento de Estado para que les dé el apoyo de la fuerza. Las dificultades no son de carácter moral, no tienen carácter fundamental en el que se afecte el honor de cualquiera de los dos países; no hay ofensas; la verdadera dificultad es el petróleo; es una dificultad abstracta provocada por nuestra legislación que las grandes compañías petroleras no quieren reconocer y que no lesiona en absoluto a la industria petrolera ni a los intereses petroleros. Y digo que la dificultad es abstracta, porque el punto en que se apoyan para querer desobedecer la ley es el viejo concepto romano del derecho absoluto de la propiedad. Nuestra legislación confirma y reconoce los derechos sobre el subsuelo, adquiridos antes de la Consti-

tución de 1917, por un término de cincuenta años, y al terminar este plazo, si todavía hay explotación petrolera sobre las propiedades actuales, se conoce una prórroga de treinta años más, es decir, se reconocen los derechos de propiedad sobre el subsuelo por un término de ochenta años. Las compañías petroleras dicen que les restringimos en tiempo sus derechos de propiedad, cuando les reconocemos esos derechos por el término de ochenta años, y ¿quién sabe qué pasará de aquí a ochenta años? Probablemente, la organización actual de la humanidad ya haya cambiado entonces por completo; la propiedad tendrá posiblemente otra organización, y yo creo que el término fijado es bastante como protección. Ése es en el fondo el asunto petrolero. Ni ante la ley, ni ante la conveniencia de los intereses, ni ante la moral, ni ante nada, pueden los petroleros sostener los puntos que están discutiendo. Yo entiendo que lo que le interesa al industrial es saber si dentro de una legislación puede trabajar obteniendo utilidades, haciendo a un lado preceptos abstractos; si la ley lo pone en condiciones de poder trabajar sin obstáculos de ninguna naturaleza y poder gozar del fruto de su trabajo por un tiempo que científicamente está demostrado que es suficiente para la explotación del petróleo.

Herring: ¿Se reconoce en México el derecho de cualquier nación extranjera para la protección de los intereses de esas naciones, fuera de los ya conocidos en el derecho internacional?
Calles: El único derecho que existe es el de la fuerza, y ese derecho no hay pueblo que lo reconozca. Para la defensa de los intereses, ya sean nacionales o extranjeros, las leyes del país indican cuáles son los recursos que deben seguirse, y sólo en el caso en que hubiera una denegación de justicia, tienen el derecho los gobiernos extranjeros de hacer representación ante el nuestro, y creo que ese procedimiento es el mundial; nuestros tribunales están listos para es-

cuchar y para intervenir en todos los casos que se les presenten.

Se entiende fácilmente que la intención del gobierno norteamericano, con la intervención de estos "excursionistas", era obtener de Calles una expresión de intención favorable a su política, en virtud de las amenazas de desconocimiento de su gobierno e incluso de una intervención armada; pero Calles, aunque prudente, no retrocede en su firmeza respecto de los asuntos planteados. Apenas unos días después de aquella visita intimidatoria, el gobierno cancela los permisos a las compañías petroleras remisas a cumplir con el nuevo reglamento. La respuesta del presidente Coolidge es sumamente agresiva, declarando que al "soviet México" le puede ocurrir lo mismo que a Nicaragua. La diplomacia mexicana no responde a la provocación, sino que propone un arbitraje internacional desde La Haya y de esa manera cosecha simpatías en el mundo e incluso dentro del Congreso norteamericano.

Arturo M. Elías, medio hermano del presidente, y que en esos momentos era cónsul general en Nueva York, informa que, por consejo de los escritores amigos de México, se debería emitir una declaración en defensa del derecho que asiste a ambos países de favorecer en Nicaragua el gobierno que cada uno considere democrático. La declaración tiene un buen efecto; en una encuesta consecuente, sólo uno de cada cuarenta norteamericanos estaría a favor de la guerra con México. En estas circunstancias, Kellogg deja de usar el término "bolchevique" para referirse a México.

En marzo de ese mismo año, el embajador mexicano Manuel Téllez viaja de Washington a México, en estado de alarma, dada la extrema tensión que se vivía en aquellos momentos; pero cuando la situación se creía perdida y Calles contraatacaba con frases grandilocuentes, como "un incendio que ilumine hasta Nueva Orleans", la tensión se desvanece, gracias, en parte, a una estupenda operación de espionaje: los hombres de Morones interceptan en la embajada norteamericana una serie de documentos en los que se menciona una futura intervención. A los pocos días, sometido en el interior en fuegos cruzados, el secretario Kellogg admite en público el robo de esos trescientos documentos y baja el tono. Las compañías siguen solas su desafío a Calles, que no duda en cerrar los pozos. Sheffield deja la embajada. Todo parecía indicar un triunfo de México, y efectivamente así se interpretaba en los ámbitos internacionales, aunque era solamente una batalla ganada en una larga guerra. Calles comprendió que no podría, en esas circunstancias, aplicar estrictamente la ley petrolera, pues ello representaba un gran aumento en la tensión, y como en virtud de los Tratados de Bucareli no había retroactividad en lo referente a la explotación petrolera, se concede el amparo a varias compañías. Coolidge prefiere entrar en un proceso conciliatorio y envía a un nuevo embajador: Dwight Morrow. El 29 de septiembre de 1927, Calles y Coolidge inauguran una línea telefónica directa. A fines de octubre llega Morrow, con la clara consigna de buscar caminos de entendimiento pacífico.

De cualquier manera, Morrow de inmediato se colocó en el centro de la vida económica y política de México. Trabajó cerca del nuevo ministro de Hacienda, Luis Morones de Oca. Estudió los presupuestos y concertó una total reestructuración de la deuda externa, a fin de que México pudiese capitalizarse y crecer. En el conflicto petrolero, medió con Calles para que los fallos favorables a las compañías sentasen jurisprudencia y los artículos más delicados de la Ley Petrolera fueran reformados.

Para muchos, Calles había perdido la partida, pero en medio de las presiones y la debilidad del momento, su actuación difícilmente hubiera podido ser otra. En 1927, México sufría la caída vertiginosa de los precios internacionales de sus principales productos, además de que el conflicto religioso aumentaba la impopularidad del régimen en lo interno y el rechazo externo, lo que hacía al gobierno muy vulnerable. Calles debió considerar que México corría el riesgo de perder territorio. Su contrincante no era un hombre con sentido social, como lo sería Roosevelt, sino Coolidge, quien proclamaba que "El negocio de los Estados Unidos son los negocios". Por supuesto, sería muy diferente tratar con el gobierno posterior a la gran crisis del 29. En aquellos tiempos la potencia de los Estados Unidos era avasalladora.

Pero Calles ganó acciones más importantes, quizá, que la batalla del petróleo; hizo que frente a México, al menos, Estados Unidos retirara la amenaza de invasión; disolvió el espantajo del "soviet mexicano", redujo la dureza y la histeria de la diplomacia norteamericana.

Hizo lo que podía hacer y ganó lo que podía ganar...

Política anticatólica

No fue 1925 un año de paz en el frente religioso, que cumplía más de una década en continua agitación. El 21 de febrero, con el auspicio de la CROM, se crea la Iglesia Católica Apostólica Mexicana, encabezada por el "patriarca" Pérez, quien por un tiempo oficia en el templo de La Soledad. No era nuevo el propósito de crear una Iglesia mexicana al margen de la de Roma; lo nuevo era intentarlo en ese momento, cuando los poderes de la Iglesia y el Estado se enfrentaban con tirantez sin precedentes en todos los campos abiertos por la Constitución del 17. Había campesinos que rechazaban las tierras que se les otorgaban y agraristas que exigían la apostasía para entregar una parcela. El auge del sindicalismo católico choca violentamente con la CROM. Pero el mayor conflicto sigue residiendo, por supuesto, en los artículos 3o. y 130; la Iglesia no los admite ni olvida los actos en contra suya y de sus símbolos que se perpetraron durante la Revolución. El gobierno callista, por su parte, se propone reglamentar e imponer el cumplimiento estricto de la Constitución. En 1925 la tensión entre los dos poderes crece en muchos estados. En mayo, una mujer apellidada Jáuregui, a quien se atribuye fanatismo desequilibrado, atenta contra la vida del presidente. Con todo, pese a la creación de la Liga Nacional de Defensa Religiosa, nadie puede adivinar lo que vendrá.

1926 es el año del rompimiento. Durante todo 1925 Calles había esperado que los gobernadores se apegasen al texto constitucional, pero la discrecionalidad que observó terminó por decidirlo a tomar medidas más severas. En enero pide al Congreso poderes extraordinarios para reformar el código penal e introduce en él disposiciones sobre el culto. El 4 de febrero aparecen en *El Universal* declaraciones del arzobispo Mora y del Río, contrarias a los artículos 3o., 50, 27 y 130 de la Constitución, en abierta provocación frente al gobierno. *¡No estoy dispuesto a tolerarlo!* —exclama Calles— *Ya que los curas se ponen en ese plan, hay que aplicar la ley como está.* Aunque Mora y del Río desmienten aquellas declaraciones aparecidas en el diario, Calles no cede; ordena a todos los gobernadores la inmediata reglamentación del artículo 130, lo que provoca clausura de escuelas, expulsión de sacerdotes extranjeros, motines, manifestaciones, choques... Se llega otra vez a extremos patéticos: el general Eulogio Ortiz fusila a un soldado por descubrirle en el cuello un escapulario.

Lagarde, el representante diplomático francés, reporta a su gobierno:

> *De febrero a mayo el presidente, sobreexcitado por la actitud antipatriótica que atribuye al clero y que relaciona con la política amenazadora de Washington, actúa con extremo rigor. Perdiendo toda moderación, no ve en la resistencia opuesta a la ley otra cosa que la obra de viejas beatas, de curas sediciosos.*

Mientras el Vaticano aconseja moderación, los obispos dividen sus opiniones entre la dureza y la pasividad. En una carta pastoral solicitan que el gobierno de Calles siga los pasos del de Carranza y se avenga a reformar los artículos 3o. y 130. Calles responde a Mora y del Río: *Quiero que entienda usted de una vez por todas, que la agitación que provocan no será capaz de variar el firme propósito del gobierno federal... no hay otro camino que el someterse a la ley.*

El 2 de julio, el Diario Oficial publica un decreto que pasó a la historia como la "Ley Calles" que reforma el código penal e incluye en él actividades religiosas, interpretadas como delitos a la luz del artículo 130. El nombre oficial de este instrumento jurídico fue *Ley de Adiciones y Reformas al Código Penal;* entre otros, los temas que causaron mayor inquietud fueron los siguientes:

> *Para ejercer dentro del territorio de la República Mexicana el ministerio de cualquier culto, se necesita ser mexicano por nacimiento. El infractor será castigado con multa hasta de quinientos pesos o arresto que no excederá de quince días. Además, el Ejecutivo Federal podrá expulsar al sacerdote o ministro infractor.*
>
> *Para efectos penales, se reputa que una persona ejerce ministerio de un culto, cuando ejecuta actos religiosos o ministra sacramentos propios del culto a que pertenece, o públicamente pronuncia prédicas doctrinales, o en la misma forma hace labor de proselitismo religioso.*
>
> *La enseñanza que se imparta en las escuelas oficiales y particulares será laica. Los infractores serán castigados con multa de quinientos pesos o arresto no mayor de quince días. En caso de reincidencia, el infractor será castigado con arresto mayor y multa de segunda clase, sin perjuicio de que la autoridad ordene la clausura de la escuela.*
>
> *Ninguna corporación religiosa, ni ministro del algún culto, podrá establecer o dirigir escuelas de instrucción primaria. Los infractores serán castigados con multa y arresto, sin perjuicio de la inmediata clausura del establecimiento de enseñanza.*
>
> *Las escuelas primarias particulares sólo podrán establecerse sujetándose a la vigilancia oficial.*
>
> *El Estado no puede permitir ningún contrato, pacto o convenio que tenga por objeto el menoscabo, la pérdida o el irrevocable sacrificio de la libertad del hombre; la ley, en consecuencia, no permite el establecimiento de órdenes monásticas; las ya establecidas serán disueltas por la autoridad. Cuando se compruebe que las personas exclaustradas vuelven a reunirse en comunidad, después de la disolución, serán castigadas con la pena de uno a dos años de prisión. Los superiores, directores o personas que tengan calidad jerárqui-*

ca en la organización, serán castigados con la pena de seis años de prisión.

Las personas que induzcan o inclinen a un menor de edad a la renuncia de su libertad por virtud de un voto religioso, serán castigadas con la pena de arresto mayor y multa de segunda clase.

El individuo que en ejercicio del ministerio o sacerdocio de un culto religioso cualquiera, incite públicamente por medio de declaraciones escritas, o prédicas o sermones, a sus lectores o a sus oyentes al desconocimiento de las instituciones políticas o a la desobediencia de la ley, de las autoridades o de sus mandatos, será castigado con la pena de seis años de prisión.

Si como resultado directo o inmediato de la incitación a que se refiere el artículo anterior, intervienen menos de diez individuos empleando la fuerza, la amenaza, la violencia física o moral contra la autoridad pública o sus agentes, cada uno de ellos será castigado con un año de prisión. A los sacerdotes o ministros se les impondrá la pena de seis años de prisión.

Los ministros de los cultos nunca podrán, en reunión pública o privada hacer crítica de las leyes fundamentales del país, de las autoridades en particular o en general del gobierno. Los infractores serán castigados con arresto menor y multa de primera clase.

Por ningún motivo se dará validez en los cursos oficiales a los estudios hechos en los establecimientos destinados a la enseñanza profesional de los ministros de los cultos. Los infractores serán destituidos del empleo o cargo. Las dispensas serán nulas.

Las publicaciones periódicas religiosas o simplemente de tendencias marcadas en favor de determinada creencia religiosa no podrán comentar asuntos nacionales ni informar sobre actos de las autoridades del país o de particulares que se relacionen con el funcionamiento de las instituciones repu-

blicanas. El director de la publicación será castigado con arresto mayor y multa de segunda clase.

Si la publicación periódica no tuviese director, la responsabilidad penal recaerá en el autor del comentario político o de la información a que se refiere el artículo anterior.

Queda estrictamente prohibida la formación de toda clase de agrupaciones políticas, cuyo título tenga alguna palabra o indicación cualquiera que las relacione con alguna asociación religiosa. La autoridad ordenará en todo caso que sean disueltas inmediatamente las agrupaciones que tengan el carácter indicado.

No podrán celebrarse en los templos destinados al culto reuniones de carácter político. El encargado de un templo que organice la reunión o invite a tomar parte en ella, será castigado con la pena de arresto mayor y multa de segunda clase. Si la tolera o encubre, la pena será de arresto menor y la multa de primera clase. En ambos casos, el Ejecutivo podrá ordenar la clausura del templo.

Todo acto religioso de culto público deberá celebrarse precisamente dentro de los templos, los cuales estarán siempre bajo la vigilancia de la autoridad. La celebración del acto religioso del culto público fuera del recinto de los templos, trae consigo responsabilidad penal para los organizadores y ministros celebrantes, quienes serán castigados con arresto mayor y multa de segunda clase.

Fuera de los templos tampoco podrán los ministros de los cultos, ni los individuos de uno u otro sexos que los profesen, usar de trajes especiales ni distintivos que los caractericen, bajo la pena gubernativa de quinientos pesos o arresto que no excederá de quince días.

El encargado de un templo deberá dar los avisos a que se refiere el párrafo undécimo del artículo 130 de la Constitución, dentro del término de un mes contado desde la vigencia de esta ley.

Se concede acción pública para denunciar las faltas y los delitos a que se refiere la presente ley.

Las asociaciones religiosas denominadas iglesias, cualquiera que sea su credo, no podrán en ningún caso tener capacidad para adquirir, poseer o administrar bienes raíces, ni capitales impuestos sobre ellos; los que tuvieren actualmente entrarán al dominio de la nación. Las personas que oculten bienes y capitales a que se refiere este artículo, serán castigadas con la pena de uno a dos años de prisión.

Los templos destinados al culto público son propiedad de la nación, representada por el gobierno federal, quien determinará los que deben continuar destinados a su objeto. Los obispados, conventos, casas curales, seminarios, asilos, colegios de asociaciones religiosas o cualquier otro edificio que hubiere sido construido o destinado a la administración, propaganda o enseñanza de un culto religioso, pasarán desde luego, de pleno derecho, al dominio de la Federación, o de los Estados en sus respectivas jurisdicciones.

Corresponde principalmente a las autoridades federales el cumplimiento de esta ley.

La respuesta es inmediata, la Liga organiza con eficacia un boicot económico en varios estados. Por su parte, los obispos emiten una "pastoral" colectiva que anuncia la suspensión de cultos a partir del momento en que la Ley Calles entre en vigor, lo que, por supuesto, tenía el objetivo de aumentar el rencor popular en contra del régimen.

El conflicto iba en escalada. Calles declara que "naturalmente" no piensa suavizar siquiera las reformas y adiciones al código penal. Confiaba, según le dijo entonces a Lagarde, en que *cada semana sin oficios religiosos haría perder a la religión católica el dos por ciento de sus fieles.*

Por esos días declaró:

Estamos en el momento en que los campos van a quedar deslindados para siempre; la hora se aproxima en la cual se va a librar la batalla definitiva. Vamos a saber si la Revolución ha vencido a la reacción o si el triunfo de la Revolución ha sido efímero.

Lo creía de verdad. Para Lagarde, Calles abordaba la cuestión religiosa *como la lucha entre la idea religiosa y la idea laica, entre la reacción y el progreso.* El 31 de julio los fieles se arremolinan en las iglesias a todo lo largo del país. Era el último día en que se practicaría el culto.

El 21 de agosto, Calles sostiene una larga entrevista con Leopoldo Ruiz, obispo de Michoacán, y Pascual Díaz, obispo de Tabasco y Secretario General del Episcopado mexicano. En ese momento, los obispos muestran una actitud de conciliación y aun de cierta humildad. Calles es lacerante, áspero; sus breves respuestas son siempre imperativas. Su visión del papel del clero en la historia de México es absolutamente negativa, sin resquicios de un posible entendimiento, de ahí que se muestre inflexible ante los obispos ni les otorgue, como le pedían "una tabla para salvarnos". La entrevista se inició tocando, desde luego, el problema de la reglamentación contenida en los artículos 3o. y 130 de la Constitución, y en especial el escabroso tema del registro oficial de los sacerdotes:

—El gobierno de México —dice Calles— por ningún motivo faltará al cumplimiento de las leyes y estas presiones que están buscando en nada nos importan. Estamos resueltos a mantener la dignidad nacional a costa de lo que venga... ¿Qué menos puede exigir el representante del pueblo, como es el gobierno, que saber quiénes están administrando sus bienes?... Irremisiblemente tendrán que sujetarse.

—Contra los dictados de nuestra conciencia —objeta Ruiz.

—Sobre los dictados de la conciencia está la ley.

—Yo entiendo por conciencia —interpela Díaz— lo que nos dicta nuestro sentimiento, y entiendo por ley el ordenamiento de la razón. Por consiguiente, cuando mi conciencia me dice que una ley está contra la razón tengo el derecho de seguir el dictado de mi conciencia y no sujetarme a esa ley.

—Las leyes son las que están consignadas en los códigos —responde Calles— y tienen que ser respetadas, tienen que ser obedecidas.

—La ley —interpela Díaz— puede ser reformada... con su apoyo...

—No soy yo quien va a resolver el asunto —dice Calles—; esto es competencia de las cámaras, y con toda sinceridad les digo que yo estoy completamente de acuerdo con lo que marca la ley que ustedes tratan de reformar, puesto que satisface mis convicciones políticas y filosóficas.

La dura conversación tomó otros derroteros. Calles dijo que "con toda franqueza", creía que el clero mexicano había evidenciado estar siempre del lado del opresor, que los misioneros católicos, en siglos, no habían hecho nada por auxiliar a los pobres. Los obispos sostenían razonamientos contrarios que Calles desechaba en primera instancia. Aunque indicó que "los actos de conciencia se juzgan en el curato", su argumento para no conceder una suspensión temporal en la aplicación de la ley era un argumento de conciencia: *No está de acuerdo con mi carácter el decir algo que yo no siento. No puedo engañar al pueblo.*

Pero su verdadera convicción era política:

> *No se hagan ilusiones, les repito que están perdiendo a los campesinos. Todas las agrupaciones de campesinos de la Revolución han protestado su adhesión a mi gobierno con motivo del último conflicto religioso y considerado a los sacerdotes como enemigos.*

Los obispos buscan que Calles disimule, a la manera porfiriana, la operación de la ley. Había presidentes municipales que se sentían ya con el derecho de nombrar o remover sacerdotes. *¿De dónde viene el poder del sacerdote?*, preguntó Díaz, y Calles respondió: *Para el gobierno no tiene importancia el poder a que usted alude ni lo reconoce.* Si las leyes iban contra la jerarquía de la Iglesia y los obispos pedían tolerancia, Calles debía advertirles que la ley no reconocía ninguna jerarquía y él "no podía tolerar nada". Sus palabras fueron un reto:

Yo les voy a demostrar que no hay problema, pues el único que podrían crear es lanzarse a la rebelión, y en ese caso el gobierno está perfectamente preparado para vencerlos. Ya les he dicho a ustedes que no tienen más que dos caminos: sujetarse a la ley ...o lanzarse a la lucha armada y tratar de derrocar de esa forma al actual gobierno.

Al despedirse, los obispos declararon que ellos no fomentaban ninguna rebelión. Pero no necesitaban fomentarla. Días después los cristeros contradecían las ilusiones de Calles.

Calles, según Lagarde, sentía un odio personal hacia el clero y la religión, odio que no compartía su familia. Por esas fechas, su tío Alejandro le escribe para preguntarle si no juzga inconveniente que los restos de su padre, Plutarco, se depositen en unas "gavetas" que ha hecho su tío Rafael en su rancho. En realidad, las gavetas estaban dentro de un altar construido por el tío para albergar los restos de la familia. La sacristía tenía ornamentos de oro y un Cristo de madera labrada que el coronel José Juan Elías, quien fue abuelo del presidente, le había regalado a su mujer, Bernardina Lucero.

La Iglesia había agotado las instancias, pero faltaba ver la reacción popular. Calles espera suprimir el fanatismo del pueblo cortándolo de raíz; sin embargo, un sector del pueblo campesino en el occidente de México se levanta en armas. La "causa", como ellos mismos decían, era clara: luchaban por la apertura de cultos, luchaban por defender la religión.

La guerra de los cristeros se prolongaría por casi tres años, durante los cuales el ejército federal, modernizado

Los católicos de la Liga Nacional para la Defensa de la Libertad Religiosa se manifiestan contra el gobierno de Calles.

por el general Amaro, descubre tardíamente la importancia de una buena caballería en un país sin carreteras y donde regiones enteras resultaban inaccesibles a la infantería. Sin organización central hasta que la liga envía al general Enrique Gorostieta, los cristeros practican una guerra de guerrillas similar a la zapatista y no menos efectiva. En el momento de los "arreglos" con Roma, en junio de 1925 —en los que también interviene Morrow— había cerca de 50,000 cristeros alzados en armas; otros 25,000 habían muerto en combate. Aquella guerra no sólo costaría a México, en total, setenta mil vidas, sino que tendría el lamentable efecto de la caída de la producción agrícola y la emigración de 20,000 personas.

En marzo de 1927 Calles empieza a ceder. Sigue creyendo que el movimiento cristero es minoritario, pero no puede cerrar los ojos a los costos de la guerra. Obregón intercede y busca una solución que haga posible la paz sin desprestigiar al régimen. En cierto momento, Calles baja la guardia; es junio de 1927. A cambio de atenuar la legislación petrolera ha logrado ya que Estados Unidos modifique su actitud. Ahora había que ceder en el frente religioso. Calles libera a varios militares y tolera el culto en casas particulares. Quizá había sido demasiado optimista al pensar que la Iglesia perdería el dos por ciento de fieles cada semana. Su salud flaquea cada vez más, al grado de confiar su alivio a uno de los curanderos más folklóricos de la época: el "niño" Fidencio. En esa época sucede también la muerte de su esposa, lo que le produjo una honda pesadumbre.

En octubre llega Morrow y se forma una imagen de la situación:

> *El país se encuentra completamente trastornado. Los pobres no tienen casi otra cosa que el consuelo de la Iglesia y no habrá paz verdadera ni progreso de no llegarse a un arreglo.*

De inmediato se hace cargo de la situación y él mismo redacta las cartas de avenimiento entre Calles y el padre Burke —un norteamericano católico con plenos poderes de negociación—, propiciando la entrevista de ambos en San Juan de Ulúa, al cabo de la cual Calles expresa a Burke. *Ojalá su visita marque una nueva era para la vida y el pueblo de México.*

Aunque la firma de los arreglos se retrasa hasta junio de 1929, las condiciones estaban dadas un año antes. El asesinato de Obregón a manos de un militante católico demora la solución. Roma, mientras tanto, niega que el Papa hubiese impartido la bendición a los cristeros . Pero, con Roma o sin ella, ellos continúan librando la guerra, la "causa" seguía viva, los templos cerrados y el culto suspendido.

¿En qué medida incidió la psicología del presidente Calles en el conflicto con la Iglesia? El conflicto estaba ahí, él no lo había inventado; estaba latente no sólo en la historia de México a partir de los Borbones, sino en toda la historia europea a partir de la Edad Media. En Francia, la querella más notable ocurrió con Felipe el Hermoso; en Inglaterra, con Enrique VIII. Era la disputa centenaria entre el poder espiritual y el secular. *La Iglesia y el Estado,* escribe Jean Meyer, *exigen el monopolio del carisma... la guerra tenía que ser total, porque ambos pretenden el dominio universal.*

Calles, en efecto, no inventa un conflicto que se hunde en la historia; pero es, sin duda, su catalizador principal; toda su biografía apunta hacia el rompimiento. Acaso por borrar de una vez y para siempre el cuerpo de doctrina que lo había condenado a la ilegitimidad, buscó una solución tan radical como la que había impuesto en Sonora al expulsar a todos los sacerdotes. Se ha dicho que Calles, al no lograr la súbita reconstrucción del país, canalizó su decepción abriendo el frente religioso. Esta actitud, fortuitamente vengativa, no concuerda con su naturaleza. Calles aborda el problema religioso por una frustración personal que lo lleva al convencimiento de que la religión católica es la fuente principal de atraso para el pueblo mexicano.

Con el ánimo de fundamentar su postura, en su archivo guardaba unas cartas de amor escritas desde Aguascalientes en abril de 1913 por el obispo Ignacio Valdespino, dirigidas a una dama sonorense, y otros documentos que involucraban a sacerdotes del Seminario Conciliar, también metidos en asuntos amorosos. Para Calles, como para muchos otros revolucionarios, estas actitudes constituían la prueba definitiva del envilecimiento histórico del clero.

Se podría afirmar que Calles realmente quería acabar con el catolicismo en México; no era un simple ateo, librepensador o antirreligioso; su lucha no fue, como la de Juárez, en contra de una visión mágica de la realidad y a favor de una concepción racionalista. Calles no es un reformador que propusiera alguna forma de espiritualidad o un defensor del ateísmo. Calles no disfruta la blasfemia ni inventa liturgias contrarias. Es solamente un profesor sonorense que no entiende ni respeta al México de las tradiciones y las añejas costumbres, en el que, para él, las personas no son "hombres verdaderos". Sin saberlo, Calles es sólo un sacerdote de una fe como cualquier otra: la del progreso y la "evolución". Un reformador imperioso y racional a quien, muy en el fondo, mueve una pasión absolutamente ciega, irracional: la de negar el pecado de origen... de su origen.

El complejo periodo presidencial de Calles tuvo muchos protagonistas políticos; los generales, los obreros de la CROM, los agraristas, los gabinetes. En esos momento había nada menos que ocho mil partidos políticos en México. Los debates políticos tejieron una madeja casi inextricable en todos los niveles: nacional, estatal y local. Pactos, rompimientos, amenazas, enfrentamientos, campañas, peculados, escamoteos, bravatas, balaceras, motines. La vida política de México rebasaba violentamente los ámbitos formales de las discusiones en las cámaras, las reuniones del gabinete y la prensa; se colaba a las cantinas, a los burdeles y a los casinos. Martín Luis Guzmán hace una retrato muy vívido de esa época en su obra *El águila y la serpiente.*

Por su lado, los generales, apoyarían lo mismo a Álvaro Obregón que a Calles, con tal de que no se limite su poder y su privilegio. Almazán, Cárdenas, y Amaro son los más fieles al régimen, pero hay muchos otros que, sin dejar de ser fieles, tienen un tono macabro: Claudio Fox, Roberto Cruz, Eulogio Ortiz. Los más cercanos a Obregón y Calles, desde la época revolucionaria, son Francisco Serrano y Arnulfo R. Gómez.

Con palabras, acciones o pistolas, todos alimentaban el México bronco. Aquella era la estela natural de la Revolución, pero su razón de fondo es otra: la falta de instituciones políticas que, ya fuera en un sentido democrático o autoritario, resolviesen el problema de la sucesión presidencial de modo pacífico y legítimo, pues el país parecía condenado a un estado de tensión permanente. Si cada periodo presidencial duraba cuatro años, el ciclo se repetía como con Obregón, y ahora con Calles: dos años de trabajo y dos de violencia. Para colmo, en 1926 todo presagiaba la vuelta de Obregón y la flagrante traición a la causa maderista que había iniciado la Revolución.

Estandarte de la Liga Nacional para la Defensa de la Libertad Religiosa.

La extraña muerte del general Angel Flores, en abril de 1926, inicia el rosario. A raíz de la frustrada rebelión, seguirían Serrano, Gómez... en total veinticinco generales y 150 personas fusiladas sin juicio previo. Según el general Roberto Cruz, jefe de la inspección de policía del Distrito Federal. Es posible que Calles haya estado influenciado por Obregón al consentir los hechos de sangre que se produjeron en esa época; de no mediar Obregón, es posible que Calles se hubiera conformado con exiliar a los rebeldes. En cambio no cabe duda del papel que jugó Calles en la muerte de los hermanos Pro —uno de ellos sacerdote—, implicados en el atentado del ingeniero Segura Vilchis contra Obregón. El testimonio, inobjetable, es de Roberto Cruz:

> *Esos individuos son implacables* —dijo Calles—; *ahora fue el general Obregón, mañana seré yo, después usted. Así es que dé las órdenes correspondientes y proceda a fusilarlos a todos.*
>
> *...Otro silencio en el despacho presidencial. Largo, intenso. Nuevamente los ojos del general Calles en los míos, inquisitivos e imperantes al mismo tiempo.*
>
> *Le dije yo entonces, con todo el respeto debido, que si no le parecía más conveniente que los consignáramos a las autoridades judiciales, a un tribunal.*
>
> *¡No!, respondió... Ahí quedó esa palabra, vibrante, única, momentáneamente absoluta.*
>
> *Hay que cortar el mal tiempo, general Cruz. Ejecútelos, y en cuanto esté cumplida la orden, venga a darme cuenta de ella.*
>
> *¡Qué carácter de hierro el del general Calles* —recordaba Cruz en 1961—; *no había en el gobierno, no digamos alguien que se negara a obedecerlo, o que sólo se enfrentara a él por una cuestión de principio, sino tan sólo uno que se resistiera a una de sus decisiones. Era absoluto y resolvía en todo definitivamente.*

A juicio de Martín Luis Guzmán, Calles *no era sanguinario, en la medida en que no le gustaba matar, pero al mismo tiempo no le inquietaba y disponía con una indiferencia suprema de la vida de los demás.*

Asesinato y reforma

El 19 de julio de 1928, al conocerse la noticia del asesinato del general Álvaro Obregón, Calles emite el siguiente mensaje a la nación:

> *El inaudito crimen en el que ha perdido la vida el presidente electo de la República, señor general don Álvaro Obregón, por la cobarde trama que envuelve, por el desconcierto social que provoca y por el vergonzoso precedente que exhibe, ha cubierto la nación de un duelo justificadísimo, y no habrá espíritu honrado en cualquier parte que no lo repruebe con la más honda indignación. México pierde al estadista más completo de los últimos tiempos y al representativo más ilustre de un movimiento social que tantos sufrimientos ha costado al pueblo y tantos bienes está llamado a distribuir en el desarrollo nacional.*
>
> *Ante tan reprobable acontecimiento, cumple a mi deber de jefe del poder ejecutivo patentizar a la nación mi más categórica reprobación del villano crimen, y exponerle, con toda franqueza, cuáles son los sentimientos que en tan inesperadas circunstancias animan mi espíritu y guiarán mi conducta.*
>
> *En primer lugar, debo exponer que el gobierno que me honro en presidir está completamente resuelto a desplegar toda la fuerza de su energía para castigar con el peso de la ley no sólo al autor material del incalificable crimen, sino a descubrir y castigar también, ejemplarmente —cualesquiera que ellos sean—, a quienes pudieran resultar los directores intelectuales de un hecho que tan profundamente hiere las instituciones nacionales y el crédito de la República. Y para tales*

fines no omitirá el despliegue de sus mayores actividades el propio gobierno.

El criminal ha confesado ya, con amplitud, que su funesta acción fue movida por el fanatismo religioso, y las autoridades encargadas del esclarecimiento de los hechos, tienen ya en su poder muchas informaciones que complican directamente la acción clerical en este crimen. Pero mi gobierno, sin impresionarse ni por un momento del nuevo y tenebroso sistema que se ha puesto en práctica en contra de las instituciones, aporta nuevas energías y anuncia a la nación que los principios liberales del movimiento social revolucionario – que hace 18 años se afirmaron definitivamente en la conciencia popular –, no pueden decaer jamás; que es criminalmente iluso y torpemente engañoso pensar siquiera en que este país pudiera volver a los viejos periodos de oscurantismo; y que la Revolución, generosa y dignificadora, está siempre en marcha, a pesar de los arteros atentados, y tendrá que culminar definitivamente para bien de la gran familia mexicana.

Como consecuencia de estos propósitos, que son los esenciales del movimiento social de la República, aprovecho los actuales dolorosos momentos a fin de hacer el más amplio llamamiento a todos los grupos revolucionarios para sostener con más firmeza todavía su bandera de reivindicaciones, y los excito para que se agrupen, en unión indestructible y fuerte, a la realización de sus noble ideales, abandonando todo sentimiento mezquino de circunstancias y latiendo al unísono de un espíritu de concordia, de cooperación y de energía, y a que, por último, se ahuyenten de mezquinos y peligrosos personalismos, construyendo con fe, ardor y constancia, el edificio grandioso de la prosperidad nacional, que tanto nos interesa a todos.

En medio de la conmoción moral que el crimen ha producido, me es consolador poder anunciar que en toda la República el orden se mantiene inalterable, y de seguro continuará manteniéndose así, como la más solemne prueba de la condenación unánime del vergonzoso atentado en contra de un mandatario electo; y por otra parte, el gobierno a mi cargo persevera en su misma línea de conducta, de continuar llevando al país por los caminos del orden, ya que es éste el que garantiza el ejercicio de los derechos ciudadanos, que tan graves trastornos suele traer aparejados, pero que ya es tiempo de que desaparezcan definitivamente, para honra y decoro de la nación.

Por último, quiero anunciar que la marcha del gobierno seguirá como hasta hoy, dentro de las normas constitucionales y con la calma y energía necesarias.

A pesar de las enfáticas declaraciones de Calles, la estabilidad del gobierno era un asunto muy preocupante; por supuesto, los grupos católicos disidentes aprovecharían el desconcierto en los medios políticos para recrudecer su lucha, y el golpe de Estado estaba a la orden del día, con el pretexto de una supuesta complicidad del régimen callista con los autores intelectuales del atentado. Aunque la muerte de Obregón no sorprendió a nadie, pues era algo que se sentía lógico, la reacción pública ante ella fue de sorpresa y generó una gran inquietud, pues aquello podía revitalizar la violencia de los tiempos revolucionarios, con toda su carga de sufrimiento para la gente; de hecho, la rebelión, en especial la cristera, era un fenómeno vivo en muchas regiones del país.

Pero Calles logró mostrar una imagen de aplomo en todo momento y supo dar la impresión de que la situación sería controlada con cierta facilidad, lo que realmente consiguió poniendo en juego sus recursos más acusados: la severidad, la reflexión, la entereza de carácter. Todo lo hizo con lentitud y firmeza, manifestando una gran sensibilidad política y social. Por principio de cuentas dejó que se propalaran toda clase de rumores y que fluyera el coraje de los obregonistas, derivándolo de su persona hacia dos presas naturales: Morones, el jerarca de la CROM, a quien muchos atribuían la factura intelectual y política del asesinato; y, por supuesto, De León Toral, cuya investigación quedó en manos de los amigos más íntimos del difunto, lo que para muchos representó una prueba de inocencia. Por otra parte, el mismo mes de julio, Calles reunió a los treinta generales más connotados para solicitar su unidad y proponer que el presidente interino fuese un civil. Aunque ya desde entonces algunos divisionarios tramaban rebelarse, la celeridad con que actuó Calles y su ascendiente difirieron, cuando menos, el golpe.

Además de la destreza con la que manejó el riesgo político del momento, se permitió aprovechar la confusión para introducir lo que sería su más importante aportación histórica: la reforma política y la creación del Partido Nacional Revolucionario.

Para presentar esta iniciativa con el debido impacto, escogió su informe final, del primero de septiembre de 1928, y lo revistió, en sus propias palabras, de "una particular gravedad y solemnidad".

Su discurso fluyó claro y contundente, con esa voz ronca que lo caracterizaba. Con Obregón se había ido el último caudillo: *No hay personalidad de indiscutible relieve, con el suficiente arraigo en la opinión pública y con la fuerza personal y política bastante para merecer, por su solo nombre y prestigio, la confianza general.* Aquello era una desgracia, pero en cierta forma también una bendición...

> *No necesito recordar cómo estorbaron los caudillos, quizás, no de modo deliberado a veces, pero sí de manera lógica y natural siempre. La aparición y la formación y el desarrollo de otros prestigios nacionales de fuerza, a los que pudiera ocurrir el país en sus crisis internas o exteriores, y cómo imposibilitaron o retrasaron, aún contra la voluntad propia de los caudillos, en ocasiones, pero siempre del mismo modo natural y lógico, el desarrollo pacífico evolutivo de México como país institucional, en el que los hombres no fueran como no debemos ser, sino meros accidentes sin importancia real, al lado*

de la serenidad perpetua y augusta de las instituciones y las leyes.

Calles no se ve a sí mismo como un caudillo, pero más adelante advierte que "habría podido", de no prohibírselo su conciencia, envolver en aspiración de utilidad pública una resolución de continuismo. Por lo tanto declara enfáticamente: *Nunca, por ninguna consideración y en ninguna circunstancia, volverá el actual presidente de la República mexicana a ocupar esa posición.*

En esta absoluta condena del reeleccionismo Calles finca su nuevo proyecto: México tiene, de pronto, una perspectiva optimista, una oportunidad que...

debe permitirnos, va a permitirnos, orientar definitivamente la vida política del país por rumbos de una verdadera vida institucional; procurando pasar de una vez por todas de la condición histórica de, "país de un hombre", a la de "nación de instituciones y de leyes".

La segunda parte del discurso, poco recordada por los historiadores, no es menos reveladora. Calles propone, con todas sus letras, la apertura política a las derechas; habla de invitar a "la reacción política y clerical" al Parlamento, para entablar ahí "la lucha de ideas", sin la cual la familia revolucionaria corría el riesgo de perder vitalidad y degenerar en una lucha de facciones. La reacción podía significar una "tendencia moderadora"; su presencia en las Cámaras, concluía Calles, *"no ponía en peligro el predominio de una Revolución que había triunfado ya en las conciencias y que por eso mismo podía abrirse a una lucha de la cual la beneficiaria final sería la nación."*

Finalmente, se permitió dar el "tiro de gracia" al militarismo e inaugurar el civilismo:

Para terminar, voy a dirigirme, desde este recinto de la representación nacional, al ejército mexicano, en mi triple carácter de revolucionario, de general de división y de jefe del ejército, por mis facultades constitucionales de presidente de la República.

Nunca como hoy, por mi resolución irrevocable, y que durará hasta mi muerte, de no abrigar la más remota ambición de volver a tener el carácter de presidente de la República; nunca como hoy he podido sentirme más lógicamente autorizado para constituirme ante el país, como me constituyo, en fiador de la conducta noble y desinteresada del ejército.

Los sacrificios de todo orden que ha sido preciso hacer para dignificar a esta institución revolucionaria y para elevarla a la envidiable altura moral y material en que se encuentra, y el nombre y el prestigio que el ejército ha conquistado, tan merecidamente, en el interior y el exterior de la República, por su comportamiento militar y por su honor cívico (pasadas las graves crisis necesarias del proceso de su depuración), exigen que cada miembro del ejército vele celosamente por conservar incólume esa posición y ese prestigio.

Las oportunidades, únicas quizás en nuestra historia, de lucha honrada en el terreno democrático, que han de darse a todos los hombres, militares o civiles, que aspiren a la primera magistratura del país, en el periodo que siga al del interinato, y los peligros tan francamente señalados por mí, peligros que corre la Revolución y que corre la patria misma si alguien se aparta de la línea del deber en estos momentos tan angustiosos para México, harán, más que nunca, inexcusable y criminal la conducta antipatriótica de quien pretenda, por otros medios que la Constitución señale, conquistar el poder.

Que todos los miembros del ejército nacional, conscientes de su papel definitivo en estos instantes, se encierren en el concepto real y ennoblecedor de su carrera militar, en la que el honor y la fidelidad a las instituciones legítimas debe ser norma fiel y guía constante; e inspirándose en los deberes que su alta misión les impone, desoigan y condenen con toda energía las insinuaciones calladas y perversas de los políticos ambiciosos que pudieran pretender arrastrarlos, y escojan, entre la satisfacción íntima del deber cumplido, y el reconocimiento de la República, y el respeto del exterior, y una conducta de deslealtad, de traición real a la Revolución y a la patria, en uno de los instantes más solemnes de su vida, conducta que nunca encontraría justificación ante la sociedad ni ante la historia.

La opinión pública quedó aún más sorprendida. Calles renunciaba al caudillaje y al hacerlo restaba toda legitimidad a cualquier otro intento de vindicarlo. El historiador Frank Tannenbaum expresó con claridad el mérito histórico de Calles:

Supo utilizar ese momento de tensión, de porfía, para tender un puente entre la tradición del caudillaje y la democracia política. El momento tenía toda la tensión de la tragedia implícita, porque la lógica de la tradición política no admitía otra salida que la tiranía o la convulsión. Que no ocurriera ni una ni otra cosa constituye un positivo mérito de Calles, y debe reconocerse como el principio del cambio en la atmósfera política que, desde entonces, ha traído al país una paz relativa.

El siguiente acierto paralelo fue favorecer la elección de Emilio Portes Gil como presidente interino. Portes Gil, abogado Tamaulipeco, era un político joven pero experimentado, con base propia de poder (el Partido Socialista Fronterizo), con prestigio de hombre radical, sin ligas con el callismo, aunque tampoco obregonista puro. Hombre, en suma, inobjetable, que a los ojos del obregonismo, como la fuerza preponderante en el momento, tenía una ventaja adicional: era enemigo acérrimo de Morones. Su periodo cubriría del 1o. de diciembre de 1928 al 5 de febrero de 1930.

Una vez solucionado el problema del interinato y amortiguada la reacción al magnicidio, Calles puso alas a su gran proyecto institucional: la creación del Partido Nacional Revolucionario. Como presidente del consejo organizador, desde fines de noviembre lo secundaban, en este caso, el propio presidente Portes Gil, entre obregonista y callista, así como Luis de León, los callistas Manuel Pérez Treviño y Melchor Ortega, así como el clásico obregonista Aarón Sáenz, entre otros. En diciembre, a los pocos días de la toma de posesión, Morones busca poner en evidencia su poder, como un reto para Portes Gil. Desde ese instante hasta la llegada de Cárdenas al poder, en 1934, el movimiento obrero pasaría por un vaivén de la desactivación de la línea moronista hacia la integración lombardista, ajustando sus cuentas internamente, casi sin ligas o influencias en la esfera del poder.

Muy pronto, Calles percibe que su sitio no está en el trabajo político directo, sino en una especie de labor arbitral. El 8 de diciembre de 1928 deja la presidencia del comité organizador del PNR:

> *Tal vez no sea yo el indicado para cumplir esa obra... para facilitarla debo retirarme absolutamente de la vida política y volver a la condición del más oscuro ciudadano, que ya no intente ser, ni lo será nunca, factor político.*

Durante los tres meses que median entre la renuncia de Calles y la primera convención del Partido Nacional Revolucionario, en Querétaro, donde se nominaría al candidato presidencial, el partido une fuerzas, se identifica con la nación, desdeña estatutos centralistas y elabora una ideología no clasista y abierta en la que caben "la acción radicalista, la organización centralista y aun la evolución moderada". Para competir con el obregonista Aarón Sáenz, quien durante todo el trayecto piensa que tiene la victoria en la bolsa, Calles se saca de la manga a un viejo revolucionario, el ingeniero michoacano Pascual Ortiz Rubio, a la sazón embajador de México en Brasil. Aunque Ortiz Rubio, coetáneo de Calles, había sido, en efecto, maderista, constitucionalista y constituyente, gobernador de Michoacán en 1917 y secretario de Obras Públicas al principio del régimen de Obregón, había permanecido fuera del país por años largos y decisivos, y carecía de toda base política propia. Así y todo, la competencia se entabla en el seno del PNR y a última hora Calles la decide a favor de Pascual Ortiz Rubio.

El obregonismo civil estaba casi vencido, pero el verdadero triunfador no era Ortiz Rubio sino el Partido en cuyo seno se dirimía, por primera vez, la sucesión presidencial. Con todo, los acontecimientos no iban a desarrollarse muy felizmente. En esos mismos días estalla la última rebelión de generales, encabezada por Gonzalo Escobar a la que secundan, entre otros, los divisionarios Manzo, Topete, Aguirre, Cruz, Iturbe, Yocupicio, Fox, Urbalejo y Caraveo. El Plan de Hermosillo, en el que se argumenta la rebelión, lo redacta Gilberto Valenzuela, un civil.

Para Calles, esta es la primera prueba militar de trascendencia nacional sin la sombra protectora de Obregón. Portes Gil lo designa Secretario de Guerra y Marina. Cuenta con los agraristas armados de Adalberto Tejeda en Veracruz y de Saturnino Cedillo en San Luis Potosí. Amaro, convaleciente de una herida accidental que le costaría un ojo, no participa, pero sí Almazán y Cárdenas. Calles tiene una ventaja adicional, fruto de su política externa: el apoyo absoluto del gobierno norteamericano, que embarga todo tipo de armamento para los rebeldes, se niega a recibir a sus enviados y vende al gobierno de Portes Gil millones de cartuchos, armas de todo tipo y hasta aviones, todo por un valor cercano a los quinientos mil dólares. Al cabo de unas semanas, las fuerzas federales sofocan la rebelión, con un saldo desastroso para los rebeldes: mil muertos, dos mil heridos, dos mil desertores y 47 generales muertos o depuestos. Para Calles, su proyecto de institucionalización supuso una victoria notable: no sólo triunfaba por la razón, sino además por la fuerza. En su mensaje del 1o. de septiembre de 1928 se había constituido en "fiador de la conducta notable y desinteresada del ejército" y había advertido a los generales contra el acto "inexcusable y criminal" de pretender el poder por medios distintos de "los que la Constitución señala". Al sobrevenir el acto "antipatriótico y desleal", contra el que había predicado, el fiador cobra su parte. Ahora realmente es el "hombre fuerte" de México.

En junio de 1929, Calles pronuncia otro discurso en el que, con todas sus letras también, se refiere al "fracaso político" de la Revolución. A su juicio, la Revolución había triunfado ya en el ámbito económico y social, pero... *en el campo meramente político, en el terreno democrático, en el respeto al voto, en la pureza de origen de las personas o los grupos electivos, ha fracasado la Revolución.*

Al Partido, y no al Ejecutivo, le corresponde "reparar los errores que la Revolución haya cometido en materia política". Pero no sólo al partido, también a la oposición. La Revolución debería pasar a las Cámaras y abrirlas, como preveía su mensaje septembrino, a la llamada "reacción", respetando, en particular, el voto y "todo triunfo legítimo de contrarios en política":

> *Sólo entonces, cuando el Partido Nacional Revolucionario se resuelva a no permitir que se escojan arbitrariamente o que se autoseñalen sus hombres, y busque en el pueblo mismo la real opinión revolucionaria que respalde a elementos de fuerza popular y, cuando ese Partido Revolucionario no sólo no acepte servir como medio o vehículo de imposición, sino luche y proteste contra las oposiciones de las camarillas dentro de su seno, y cuando por esta conducta la conciencia revolucionaria del país esté también satisfecha en el terreno político, como lo está ahora en el campo de la reforma social, sólo entonces podremos decir que hemos hecho triunfar integralmente, en las conciencias de la familia revolucionaria, a la Revolución mexicana.*

El único candidato de la oposición era José Vasconcelos, quien ya entonces desplegaba por todo el país una de las más notables y generosas campañas democráticas de la historia de México. Con sus "batallones" de estudiantes universitarios y con la simpatía de las clases medias, los intelectuales y aún los obreros del noreste del país, Vasconcelos intentaba volver a las raíces maderistas de la Revolución y abrir el paso a una democracia pura. En su discurso de 1928, Calles había invitado a la oposición a la lucha de ideas en el Parlamento, pero también había insinuado que el poder seguiría siendo de la Revolución. Manuel Gómez Morín, aquel joven que había participado en la reconstrucción económica de Calles y lo conocía de cerca, entendió que se abría la oportunidad de fundar un partido alternativo al PNR, que pudiese entablar con él una "lucha de ideas". La avenida política que abría Calles no conducía al poder sino a una forma de competencia política. El 3 de noviembre de 1928, días antes de que Vasconcelos iniciase su campaña, Gómez Morín le escribe:

> *No creo en grupos de carácter académico, pero tampoco creo en clubes de suicidas. Y no porque niegue la eficiencia del acto heroico de un hombre que se sacrifica por una idea, sino porque creo que el sacrificio que realizaría un grupo o un hombre, por definición selectos, metidos precipitadamente a la política electoral y sacrificados en ella, no sería el sacrificio de la posibilidad misma de que la idea se realice en algún tiempo.*
>
> *Cierto que públicamente, y del modo más oficial posible, se ha hecho un llamado ahora para iniciar una nueva vida democrática, legal, luminosa, y todo lo demás. Pero ese llamado no es la cosa misma y todavía pasará algún tiempo antes de que esa cosa se convierta en realidad. Justamente, para que esa realidad llegue, será necesario que la buena intención o la sinceridad del llamado se apoyen en organizaciones selectas, capaces de adquirir o de desarrollar fuerza bastante para imponer los nuevos principios en un medio que está absolutamente corrompido. Y si el llamado hecho no es sincero ni de buena fe, con más razón se necesita para hacer una vida*

democrática en México la organización durable y el trabajo permanente de grupos que pueden adquirir fuerza bastante para imponerse al medio corrompido y a la deslealtad del llamado mismo.

En los dos casos, pues, es indispensable, sobre todas las cosas, que se procure la formación de grupos políticos bien orientados y capaces de perdurar.

Vasconcelos no hizo caso al prudente consejo de Gómez Morín. Su radicalismo y hasta un cierto misticismo que marcaban su carácter, no le permitieron renunciar a un protagonismo apresurado y decidió jugar todas sus cartas de una sola vez. Gómez Morín esperaría diez años para fundar la que llegaría a ser la más fuerte organización política de oposición en México: el Partido Acción Nacional, mismo que hubiera tenido un gran empuje si hubiese contado, además del talento de Gómez Morín, con el carisma de Vasconcelos.

A mediados de 1929, Calles hace declaraciones muy optimistas, asegurando que el porvenir de México está garantizado, y se va por casi cinco meses a Europa. Mientras tanto, en el preciso instante en que los cristeros iban a vincularse con el vasconcelismo, Portes Gil firma los "arreglos" definitivos con los jerarcas de la Iglesia Católica, lo que pone fin a la guerra. Otros de los triunfos del régimen de Portes Gil fueron la autonomía universitaria, el incremento del reparto agrario y la instalación de la comisión obrero-patronal que comenzaría a redactar la Ley Federal del Trabajo.

Pero la lucha política se concentraba en las campañas de Ortiz Rubio y Vasconcelos. En ellas el PNR se estrenó en la práctica de una especie de "ingeniería electoral", misma que el partido llegaría a desarrollar con toda amplitud. Por un lado, expande por todo el país su maquinaria, ya desde entonces ligada al gobierno; por el otro, deja caer sobre los vasconcelistas los primeros golpes represivos: *El Nacional*

Revolucionario, órgano del partido, proclama que *no se gobierna un país con enseñanza literaria... El PNR no distribuye La Iliada, sino treinta y cinco millones de hectáreas.*

Por todos lados llovían insultos contra el "pedante" Vasconcelos y los "intelecuales, homosexuales, burgueses, feministas, y fanáticos" que lo acompañaban. Pronto los hechos reemplazaron a las palabras: boicots, disolución de mítines por la fuerza, atentados, y finalmente asesinatos. El joven vasconcelista Germán del Campo murió acribillado en la calle, y meses después de las elecciones, en marzo de 1930, tuvo lugar la sangrienta matanza de vasconcelistas en Topilejo. En noviembre de 1929, Pascual Ortiz Rubio había sido declarado triunfador en unas elecciones que, de haber sido limpias, con toda probabilidad hubiese perdido. Por su parte, Vasconcelos, decepcionado de un pueblo que no había defendido su voto como en 1910 y convencido de que su derrota se debía a la alianza antinacional del "procónsul" Morrow y Plutarco Elías Calles, salió al más largo y fructífero de sus exilios.

Despejado el campo electoral, quedaba el botín político de las Cámaras y, a partir de él, de todas las ramificaciones del poder. Desde mayo de 1929, dos campos se deslindaban claramente, los "blancos", partidarios de Ortiz Rubio, y los "rojos", de Portes Gil. Entre los primeros estaban Fernando Medrano, Ignacio de la Mora y Arturo Campillo Seyde. Entre los segundos había desde gente de macabra celebridad, como Gonzalo N. Santos, hasta callistas puros, como Melchor Ortega, aunque no faltaron todas las variedades de la violencia física o política, comparada con el palenque parlamentario de 1920 a 1928; ahora la lucha política tenía un cierto orden. No había varias tendencias centrífugas, sino sólo dos: los blancos y los rojos; pero la gran verdad era que sobre ellas existía un instituto político con vida y autoridad propias que difería con su sola existencia todo rompimiento y tiraba de las riendas si los ánimos se desbocaban. Y no menos novedoso era que sobre ese instituto y sus mediadores imperaba un árbitro supremo: Plutarco Elías Calles. De pronto, en unos meses, la política mexicana había construido un andamiaje de instancias.

En diciembre de 1929, después de mil maromas, albazos y negociaciones, los blancos de Ortiz Rubio ganaban electoralmente la primera batalla, que habría de darles la mayoría en la Comisión Permanente de la Cámara y en la comisión instaladora del congreso que sesionaría del 1o. de enero al 31 de agosto de 1930. Pero entonces llega Calles. El Nacional Revolucionario lo recibe con estas palabras:

> *El general Calles es ahora el centro de la mirada de todos los partidos, es el apoyo más serio del nuevo presidente, es la cohesión de todos los grupos revolucionarios, es, en una palabra, la garantía de que la Revolución no será dividida en muchas piezas y no será presa fácil de los enemigos de ella... Calles está en un lugar en que puede salvar a la Revolución amenazada de dividirse, en que puede señalar orientaciones firmes, en que puede contener el desorden y prevenir la anarquía.*

Calles calibra la situación e inclina la balanza hacia el lado de los perdedores. El PNR utiliza contra los blancos un arma mortal: la expulsión. Cuando el 5 de febrero de 1930 Ortiz Rubio toma posesión de la presidencia, todo el mundo entiende que el bloque dominante en el Congreso será rojo, que los bloques no desaparecerán, pero se someterán para siempre, estatutariamente, al Comité Ejecutivo Nacional del PNR y que éste, a su vez, acatará las órdenes o las "orientaciones" de Calles. El editorialista del PNR describía la situación tal como era: *La Revolución ha sentido instintivamente la necesidad de escogerlo como jefe, mientras cuajan las instituciones todavía tiernas de la época constructiva de la Revolución.*

En el instante en que aborda su automóvil para salir del Estadio, donde ha prestado juramento, el presidente Ortiz

Rubio sufre un atentado. Este anticlímax inicial sería presagio de su régimen. Toda clase de chistes circularían sobre la debilidad del hombre a quien se apodaba "El Nopalito"; desde la casa de la colonia Anzures, donde vivía el "oscuro ciudadano" Calles, se veía el castillo de Chapultepec y la gente comenzó a maliciar: "Ahí vive el presidente, pero el que manda vive enfrente". Esta vez, la conseja popular era injusta; el que mandaba vivía enfrente, pero Ortiz Rubio no se dejaría mandar; el esquema del maximato establecía un doble tren de mando. Por un lado, el eje político, compuesto por el Jefe Máximo, el PNR, los bloques de la Cámara y el Presidente; por el otro, el eje administrativo, por el Jefe Máximo, el gabinete y el Presidente. Ortiz Rubio no discutía la preeminencia del Jefe Máximo, pero en ambos trenes intentaría, sin éxito, colocar a la institución presidencial en el sitio inmediato posterior a Calles.

En el primer caso, su pelea duró seis meses. Por iniciativa suya, Basilio Vadillo ocupa la presidencia del PNR, pocos meses después lo sustituye Portes Gil, que de abril a octubre ve subir su estrella política. La pugna entre blancos y rojos, constante en todo el periodo, parece resuelta definitivamente a favor de los rojos. En ese instante el oráculo vuelve a hablar, pide la unión y "quema" a Portes Gil, bloqueándole la llegada a la gubernatura de Tamaulipas y enviándolo de embajador a Francia. Dos días después de la renuncia de Portes Gil, el 10 de octubre de 1930, el gobernador de Michoacán, Lázaro Cárdenas, el joven lugarteniente de Calles en Agua Prieta, a quien tanto quería el Jefe Máximo, le escribe a éste:

> *La agitación política del momento convencerá a usted de lo indispensable que es aún su intervención y la inconveniencia de su alejamiento del país, porque no está aún cuajada otra personalidad que tenga ascendiente sobre políticos y militares. Los enemigos de la Revolución y otros malos elementos hacen labor de zapa y sólo usted puede serenar la situación y*

evitar un nuevo desastre en el país. Afortunadamente está usted en condiciones de imponer el orden y hacer que todos nos dediquemos a desarrollar una labor constructiva agrupándonos con usted alrededor del señor presidente de la República, para favorecer su investidura y hacer triunfar de la intriga la obra de la Revolución, obra de usted puesta en manos del Primer Magistrado de la nación.

Cárdenas permanece al mando del PNR hasta agosto de 1931. Como Almazán y Amaro, ministros del gabinete de Ortiz Rubio, se propone modificar en un término la fórmula del maximato, fortaleciendo al presidente sobre los políticos profesionales del PNR y las cámaras; pero la correlación general de fuerzas y la inestabilidad en el otro tren de mando se lo impiden. En agosto de 1931, Cárdenas sale a ocupar la Secretaría de Gobernación y Manuel Pérez Treviño la presidencia del PNR, con lo que el partido queda completamente en manos del Jefe Máximo. El presidente perdía su primera batalla.

Aunque Ortiz Rubio llevará a cabo varias obras importantes, como la Ley Federal del Trabajo y la Doctrina Estrada, su valiente resistencia a plegarse al tren de mando: Jefe Máximo-gabinete-Presidente absorbió mucho de se tiempo. Desde un principio había cedido a la imposición callista varias carteras, sobre todo la de Portes Gil en Gobernación. En sus *Memorias,* Ortiz Rubio explica las circunstancias:

Tenía que proceder de acuerdo con Calles, de facto dueño de la situación, como he explicado antes, o me resolvía a romper con él abiertamente, entrando en una lucha cuyas graves consecuencias finales no era fácil prever. Comprendo que los dos caminos eran malos, pero el que menos provocaría agitaciones armadas, tan perjudiciales para el país, era el primero, y me decidí a seguirlo.

Pero una cosa era seguir ese camino y otra, muy distinta, permitir que Calles determinara la conducta del gabinete. Durante algún tiempo, todo transcurrió en paz; aunque Ortiz Rubio se deshizo del callista Carlos Riva Palacio, por lo que Calles se cobró con el mayor de los aliados de Ortiz Rubio: Hernández Cházaro. El panorama mejoró con la salida de Portes Gil de PNR y la presencia conciliadora de Cárdenas. Con todo, en el transcurso de 1931 Calles empezó a temer, quizá con fundamento, una posible alianza entre Ortiz Rubio y Amaro, decidiendo que no era conveniente permitirla. Su maniobra fue muy astuta, consistió en amagar con una crisis en el PNR, a causa de "las inconsecuencias del presidente", con lo que provocaría una renuncia masiva de los miembros del gabinete que concluyera con la eliminación de Amaro. A los pocos días renuncian los generales Almazán, Cárdenas, Cedillo y el propio Amaro; unos meses después se van Aarón Sáenz, Genaro Estrada y Luis Montes de Oca.

Al respecto, el historiador Medina señala lo siguiente:

> *En la crisis de octubre de 1931 quedó de manifiesto que el Jefe Máximo había triunfado, pero que el mecanismo político del maximato había fracasado. Las constantes crisis y las necesidades de prescindir de los cauces del mecanismo político de maximato e imponer directamente la presencia del mismo Jefe Máximo en el gabinete a cargo de la Secretaría de Guerra y Marina, fueron prueba patente de que el maximato, en tanto intento por dar respuesta a la necesidad de formalizar un mecanismo político, había fracasado a pesar de que el Jefe Máximo había triunfado.*

Sin espacio de maniobra, el 2 de septiembre Ortiz Rubio renuncia: *Salgo con las manos limpias de sangre y dinero, y prefiero irme y no quedarme aquí sostenido por las bayonetas del ejército mexicano.*

Es natural que en sus *Memorias* Ortiz Rubio se refiriese con amargura a la "dictadura poco disimulada" de Calles, pero por debajo de la inestable y, en apariencia, caótica superficie de la política, el país había avanzado hacia la institucionalidad. La no reelección se había establecido en forma definitiva, y aunque "vivía enfrente" el que mandaba, no lo hacía de modo directo, como tirano; ni siquiera como dictador "a lo Porfirio Díaz". Gobernaba en un marco de gran tolerancia ideológica y a través de una institución política: el PNR, que en menos de cuatro años de vida había logrado su consolidación y su predominio sobre la vida parlamentaria, electoral y, en general, política del país. No era la democracia, pero estaba menos alejada de ella que todos los regímenes anteriores desde el de Porfirio Díaz, con excepción del de Madero, pero con la ventaja sobre éste de una estabilidad a prueba de cañonazos, reales o de cincuenta mil pesos.

Según Rafael Segovia, quien se dedicó al estudio concienzudo de este periodo, el PNR cumplió con la famosa máxima de Bertrand de Jouvenel: *Las revoluciones, o sirven para centralizar y concentrar el poder, o no sirven para nada.* Por su parte, don Daniel Cosío Villegas, quien fue un crítico de la política mexicana, sostenía que las tres "importantísimas funciones" del PNR en 1929 habían sido las de "contener el desgajamiento del grupo revolucionario", lo que no habían logrado los liberales de 1867, los constitucionalistas de 1914, ni los sonorenses en 1923: *Instaurar un sistema civilizado de dirimir las luchas por el poder y dar alcance nacional a la acción política y administrativa para lograr las metas de la Revolución mexicana.* Su conclusión era sencilla y definitiva: *La creación de un partido político nacional, revolucionario y aun "oficial" o semioficial correspondió a genuinas y grandes necesidades generales.*

La institución aglutinadora estaba ahí para quedarse, ahora sólo hacía falta que "cuajase", como decía Cárdenas, una personalidad que tuviera ascendiente sobre políticos y militares, un presidente que removiese civilizadamente al

Jefe Máximo de sus trenes de mando. Pero Calles no iba a regalar graciosamente su jefatura; en la esencia política de su idea estaba el precio, contenido en una sola palabra: legitimidad.

El maximato

Mientras cuajaba el futuro, Jorge Cuesta, el ensayista político más lúcido de los años treinta, escribía: *Calles no está ya en el poder, pero el poder sigue estando en Calles.* El nuevo presidente no fue un presidente, sino un administrador: subalterno de Plutarco Elías Calles en aquellos tiempos revolucionarios de Sonora, y, al igual que Calles, oriundo de Guaymas, Abelardo Rodríguez había hecho una breve carrera militar hasta que la suerte le deparó una lotería: la segunda zona militar de Baja California Norte. Aprovechando la era de la prohibición en los Estados Unidos, Abelardo había amasado una buena fortuna. En octubre de

El presidente Calles con su estado mayor (de pie) y su primer gabinete (sentados).

1931, Calles, secretario de Guerra, lo llama para nombrarlo subsecretario. Al renunciar Ortiz Rubio, Abelardo ocupa la presidencia interina.

En su *Autobiografía,* Abelardo Rodríguez explica el sentido de su desempeño:

> *Insisto en que nunca fui político y en que si acepté el cargo de presidente sustituto de la República fue porque tenía la seguridad de nivelar el presupuesto y poner en orden la administración del gobierno. Para lograrlo, me propuse permanecer al margen de la dirección política, dejando esa actividad en manos de políticos.*

Su gestión probó ambas cosas: era un buen administrador y dejaba la política en manos de los políticos. A veces esta división del trabajo imponía un precio a la dignidad personal y presidencial, pero Rodríguez estuvo casi siempre dispuesto a pagarlo.

En el periodo de Abelardo Rodríguez hubieron varios hechos importantes: la creación del Departamento Autónomo de Trabajo, la promulgación del salario mínimo federal, la fundación de la Nacional Financiera, la compañía Petromex (antecedente de Pemex), el Banco Nacional Hipotecario y de Obras Públicas, etc.

En el ámbito político hubo algunos movimientos de gabinete, pero ninguno que condujese ni por asomo a una crisis. El secreto, claro, era la falta de tensión entre el Jefe Máximo y el Presidente. Una de las tácticas más socorridas de Calles, o, mejor dicho, una de las expresiones del maximato fue la distancia física que solía tomar respecto del poder, lo que en realidad le servía para destacar su poder, como en el caso de Santa Anna. No sólo viajó en dos ocasiones, por largos periodos, a Europa; además se retiraba por temporadas a sus diversas fincas y negocios. A Soledad de la Mota y al ingenio azucarero de El Mante, ya no iba desde su segundo matrimonio, en 1930, con Leonor

Llorente. Su lugar preferido fue desde entonces la quinta, Las Palomas, en Cuernavaca; pero no abandonaba su rancho Santa Bárbara, donde tenía un gran establo, una espléndida granja avícola y una escuela, fundada por él, a la que acudía un estudiante de cada estado de la República. Si lo que necesitaba era distancia, había dónde escoger: El Sauzal, rancho que pertenecía a Abelardo Rodríguez, o El Tambor, junto al mar, propiedad de su hija Alicia. Cuando buscaba aguas medicinales, su lugar favorito era Tehuacán.

Se dice que de 1930 a 1935, los políticos mexicanos de relieve practicaron dos deportes: la caminata a las fincas del Jefe Máximo para pedir su "orientación y consejo", y el golf, al que el general se había aficionado en Cuernavaca.

Desde aquellos retiros, Calles movía las piezas del tablero nacional, pues él tenía voz y voto en todos los ámbitos del gobierno. *Si examinamos los sucesos políticos desde que Calles abandona la presidencia* —escribe Jorge Cuesta—, *veremos aparecer a Calles frecuentemente al frente de tal organismo administrativo, de tal programa económico, o de tal manifestación política del país; a cada paso reclama su autoridad.* Así ocurría, de hecho, desde 1929.

En el periodo de Portes Gil, Calles había sido presidente de la Junta Reorganizadora de los Ferrocarriles Nacionales; ahí había propuesto y llevado a cabo medidas tan severas como la baja de sueldos y el despido de diez mil obreros. En julio de 1931 Calles persuade a Ortiz Rubio de nombrar a Calles director del Banco de México; en su brevísima gestión, Calles da curso a la promulgación de tres reformas bancarias que incluyen una nueva Ley General de Instituciones de Crédito, mediante la cual el Banco de México se convierte, por primera vez, en un verdadero Banco Central. De septiembre de 1933 a enero de 1934 ocupa por última ocasión un ministerio: el de Hacienda.

Pero más importantes que sus gestiones fueron sus opiniones sobre los grandes problemas nacionales. Acerca del movimiento obrero no tuvo que externar muchas. Mientras se completaba el desmoronamiento de Morones y la CROM, y se afianzaba la Confederación General de Obreros y Campesinos Mexicanos, fundada en octubre de 1933, y del líder marxista que sucedería a Morones: Vicente Lombardo Toledano, el movimiento obrero había perdido peso político. Quizá por eso, en aquel periodo, Calles se limitó a emitir algunas críticas, como la de julio de 1933, a los ferrocarrileros que, a su juicio, no entendían los problemas de la empresa. Cuando en 1934, con vistas a la sucesión presidencial, la presión sindical y obrera aumenta de modo acelerado, Calles reprueba lo que llama "agitación". Sus condenas tienen sin cuidado al nuevo liderazgo obrero. Calles gobierna el aparato político, pero descuida a los cuadros sindicales, y más todavía a sus bases; ellos se lo cobrarían muy pronto, y muy caro.

Sobre el problema de la tierra tuvo varias intervenciones decisivas. De su segundo viaje a Europa, a fines de 1929, regresa con la convicción de que en la política agraria, nacida del artículo 27, hay serios inconvenientes. En marzo, critica el reparto *...que tanto mal está causando a la economía nacional.* En junio de 1933, luego de un tercer viaje a Europa, se convence de que el ejido está llevando al país a la ruina. En su opinión había que acabar con el reparto ejidal y buscar no sólo la certidumbre jurídica en el campo, sino la eventual promoción del ejidatario a ranchero.

Las opiniones de Calles son órdenes; aunque, en su momento, Ortiz Rubio había detenido el reparto en varios estados, y algunos incluso lo dan por terminado; sin embargo, las demandas campesinas y la presión agrarista, tanto de sus líderes como de sus bases, no desaparecen por órdenes, ni siquiera del Jefe Máximo. Según datos fidedignos de Lorenzo Meyer, para 1934 la reforma agraria había beneficiado, con la entrega de once millones de hectáreas, a la cuarta parte de la fuerza de trabajo campesina, que era cerca de un millón de personas; pero fuera del Estado de Morelos, la hacienda, que legalmente había desaparecido a raíz de la Constitución de 1917, permanecía prácticamente intacta. En 1930, el 78 por ciento de la superficie agrícola privada correspondía a cerca de tres mil quinientas explotaciones mayores de 4,000 hectáreas, es decir, a las haciendas. Tres años más tarde, a pesar de sus propias convicciones, y las de Calles sobre el problema, Abelardo Rodríguez siente la presión política e intensifica la entrega. Aunque el agrarismo radical de Adalberto Tejeda decae, el agrarismo moderado cuenta con muchos adeptos dentro del régimen o en sus márgenes, sobre todo con Lázaro Cárdenas.

Sobre el progreso político, Calles siguió lanzando ideas e impulsando reformas. Después de la renuncia de Ortiz Rubio pensó, con acierto, que la política de "carro completo", consistente en ganar "a como dé lugar" las elecciones, había enrarecido la atmósfera e impedía la promoción de jóvenes políticos: "falta material humano", dijo, y, contra la opinión de quienes viajaban en al carro, introdujo en marzo de 1933, la "no reelección" en la vida parlamentaria nacional. Un año después el PNR había extendido alrededor de un millón trescientas mil credenciales.

Además de beber más de la cuenta y jugar póquer hasta el amanecer, Calles mueve piezas en todos los tableros políticos. Las relaciones con Estados Unidos no le quitan el sueño: entre 1928 y 1934 cosecha los frutos de su acuerdo con Morrow. El problema petrolero persiste, ahora bajo la forma de una baja producción, pero ni remotamente provoca una crisis diplomática, como sucedió en 1927. Pese a que hay graves problemas de desempleo debido a la repatriación masiva de mexicanos, a raíz de la crisis financiera del 29, la presión social no adopta formas violentas.

Entre 1924 y 1928 la política social había sido un elemento central de su gobierno. Durante el maximato, Calles se involucra poco en ello. Su obsesión es la reforma política. Por lo demás, a sus cincuenta y siete años de edad, se siente agotado; sus achaques de hígado y columna lo ponen en cama por largos días. En noviembre de 1932, su segunda esposa había muerto de un penoso cáncer, dejándole dos hijos y la melancólica certeza de que su vida no volvería a ser completa. Así, en plena gloria, se abría paso en él la idea de una hora cumplida, la suya y la de la Revolución. Simbólicamente, se crea entonces una comisión que recabaría fondos para convertir la inacabada estructura del viejo palacio legislativo de don Porfirio en el Monumento a la Revolución.

Un frente interno permanece abierto en Calles: la cuestión religiosa. Por esos días estrechó sus ligas con el más fanático de los antifanáticos: el gobernador de Tabasco, Tomás Garrido Canabal, quien solía saludar a sus guardias con la consigna "Dios no existe". No podía forzar de nueva cuenta la inscripción de sacerdotes o el cumplimiento riguroso del artículo 130, pero quedaba el artículo 3o., relativo a la educación. Otros proyectos habían avanzado hacia su reforma en un sentido distinto del que imaginaba Calles. Desde principios de 1931, por ejemplo, un sector de la izquierda sindical, representado por Lombardo Toledano y varios grupos académicos y oficiales, proponían la adopción de una "educación socialista". El 20 de julio de 1934, en la piadosa capital de Jalisco, da su famoso "Grito de Guadalajara":

> *La revolución no ha terminado... Es necesario que entremos en un nuevo periodo, que yo llamaría periodo revolucionario psicológico: debemos entrar y apoderarnos de las conciencias de la juventud, porque son y deben pertenecer a la Revolución... porque el niño y el joven pertenecen a la comunidad y la Revolución debe desterrar los prejuicios y formar una nueva alma nacional.*

Surgía, de nuevo, su voz interior de maestro que intentaba, por última vez, la reforma desde su origen: desde el alma nacional, desde la psicología, desde los niños.

De inmediato, lo secundan los gobernadores jacobinos y los partidarios de la reforma socialista al artículo 3o.; finalmente, en octubre de 1934, días antes de la toma de posesión del nuevo presidente, Lázaro Cárdenas, reforma el artículo 3o.:

> *La educación que imparta el Estado será socialista y, además de excluir toda doctrina religiosa, combatirá el fanatismo y los prejuicios, para lo cual la escuela organizará sus enseñanzas y actividades en forma que permitan crear en la juventud un concepto racional y exacto del universo y de la vida social.*

La nueva redacción contenía un leve tinte de *laicismo callista* pero, contradictoriamente, su carga mayor era dogmática y religiosa. Se trataba, decía Cuesta, de encomendar a la escuela una misión que corresponda en forma íntegra a la ley.

Si Calles buscaba iniciar nuevamente al clero, lo consiguió. Un dignatario eclesiástico criticó el intento "bolchevique" de penetrar en el "santuario de la conciencia", y entre los campesinos de occidente, las declaraciones desatan una verdadera contienda, muy grave para el gobierno: la segunda Cristiada.

En cuanto al aspecto propiamente educacional de la reforma al artículo 3o., ¿estaba Calles de acuerdo con ella, con su formulación, con su objetivo de ganar "las conciencias" de la niñez para el socialismo? Según Cuesta, que veía en Calles la encarnación de la Revolución mexicana, la nueva redacción no sólo no coincidía con el pensamiento de Calles, sino que lo contradecía:

> *... lo que se pretende es que, con el laicismo, desaparezca el objeto natural de la escuela para convertirla otra vez en culto de lo sobrenatural, a la sombra de un socialismo astral y tenebroso; y que "el socialismo de la Revolución mexicana" consiste exactamente en un deseo de que los revolucionarios mexicanos no se priven de las prácticas y las creencias religiosas; pero es absolutamente seguro que no podrá buscarse*

un apoyo en el pensamiento del general Calles para ese socialismo tan extraordinario.

Por la misma razón, Cuesta pensaba que el Plan Sexenal, ideado en principio por Calles, pero modificado en un sentido socialista por una nueva generación de ideólogos radicales, era un "plan contra Calles", un intento de sustituir una vida revolucionaria "liberadora de la realidad", por una camisa de fuerza ideológica, por un ideal burocrático. A juicio de Cuesta, el plan oponía una serie de nuevos dogmas al significado práctico de la Revolución:

> *La revolución no es un conjunto de creencias individuales, no es un canon eclesiástico, no es una doctrina infalible y sagrada, sino la experiencia revolucionaria de la sociedad como libre y radicalmente se produce en su seno.*

Las reflexiones de Cuesta tocaban el meollo del conflicto histórico que, muy pronto, retiraría a Calles de la vida nacional. En todos los ámbitos de la política nacional se abría paso una nueva actitud, ciertamente orientada hacia formas de gobierno populistas o socialistas, lo que no era solamente una decisión ideológica, sino una necesidad de la época. Después de la depresión de 1929 y el ascenso de Hitler al poder, Occidente buscaba nuevas creencias que explicasen e incluso justificaran la crisis del capitalismo y fueran, al mismo tiempo, un bastión contra el nazismo. El socialismo y muchas veces el comunismo colmaron el hambre de fe en el advenimiento de una sociedad sin clases.

En 1933, Lombardo Toledano escribió al respecto: *Ha habido y hay hombres que creen que la revolución no se ha hecho todavía, y que debe hacerse.* Pero Calles tenía un concepto distinto de la Revolución; convenía en que sus fines de mejoramiento social y económico, político y moral, estaban lejos de haberse colmado, pero dudaba de las recetas ideológicas. A pesar de su radicalismo, Calles era un reformista severo y violento, no un revolucionario en el sentido marxista del término. Para él la política era riesgo, vicisitud, contingencia y, por lo tanto, responsabilidad. La política pertenecía más al reino del carácter que al de las ideas; y más al de las ideas que al de las ideologías. Los nuevos hombres que tocaban las puertas del poder no pensaban en esos parámetros, ellos eran los representantes de una ideología determinista.

Una traición necesaria

A principios de 1933 comenzaron a caldearse los ánimos políticos en preparación del cambio de poderes, creándose los necesarios sectarismos en vista de las elecciones. Adoptando la estrategia que había resultado eficaz en 1929, Calles dejó que la lucha continuara hasta configurar dos bandos, los unos a favor de Cárdenas y los otros de Pérez Treviño.

A mediados de 1933, los contendientes dejan sus puestos: Cárdenas la Secretaría de Guerra; Pérez Treviño, la presidencia del PNR. Al primero lo apoyan nutridos grupos en las Cámaras y la recientemente creada Confederación Campesina Mexicana. Al segundo, la vieja guardia callista. A siete largos meses de la convención del PNR en Querétaro, parecía que la contienda daría lugar a muchas sorpresas. De pronto, el 7 de junio, el oráculo Calles habló en favor de Cárdenas. Pérez Treviño no tuvo más remedio que retirar su candidatura.

La decisión de Calles resultó en cierta medida desconcertante, pues un personaje gris como Pérez Treviño hubiera reforzado su papel de Jefe Máximo por lo menos durante el siguiente periodo presidencial. Sin embargo prefirió un candidato fuerte y con capacidad de decisión propia, lo que representaba un riesgo para él. Los historiadores han aportado todo tipo de explicaciones a este respecto, desde la puramente personal, que atribuye la decisión a la influencia de Rodolfo Elías Calles sobre su padre, hasta la puramente impersonal, en la que, el "ascenso de las masas" tuerce el brazo del Jefe Máximo. Seguramente hay algo de verdad en cualquiera de estas interpretaciones. En la decisión de Calles debió contar tanto su antiguo vínculo, casi paternal con Cárdenas, al que consideraba "su hechura", como el reconocimiento de los grupos sociales y políticos, especialmente los del agrarismo moderado, que Cárdenas representaba. Pero quizá incidió también un factor más digno que la conseja familiar o el cálculo del poder: la responsabilidad. Aunque Calles sabía que Cárdenas podía no serle incondicional, seguramente confiaba en su inteligencia y su fuerte personalidad. A pesar de su juventud, pues en 1933 contaba apenas con 37 años, Cárdenas tenía una larga carrera militar contra las fuerzas de Zapata, Villa, Peláez, los yaquis, Carranza y De la Huerta. Tenía, además, una respetable carrera política: gobernador de Michoacán, presidente del PNR, Secretario de Gobernación y Secretario de Guerra y Marina. Es imposible que Calles pasara por alto su actitud de moderada independencia durante el gobierno de Ortiz Rubio; y sin embargo, a sabiendas de los riesgos, optó por una sucesión dinámica. Prefería el riesgo y la apertura al sometimiento y la inmovilidad, además, sin ser propiamente un viejo, Calles ya se sentía como tal. Había vivido en la cresta de la ola por más de veinte años, y en una perpetua tensión desde la infancia. Al revés que a Porfirio Díaz, el paso del tiempo y el gusto por el poder no lo rejuvenecían. Estaba cansado.

Al tomar posesión de la presidencia, en diciembre de 1934, Cárdenas había limitado, de entrada, los dos "trenes de mando"; ahora el Jefe Máximo tenía un dominio más simbólico que real, el gabinete era mixto, o sea que estaba formado por personajes afines a uno y otro de los líderes; el PNR y las cámaras parecían callistas. Sin embargo, un presidente decidido a serlo podía cambiarlas a su favor con sólo colocarse en la posición del Jefe Máximo. El trabajo, sabía Cárdenas, no era imposible, pero llevaría tiempo. Había que reestructurar el aparato militar y ponerlo a su favor, asegurar el apoyo de las organizaciones de masas y desvincularse cada vez más claramente, con hechos y palabras, de la tutela innecesaria del Jefe Máximo.

Un factor más ayudó en el proceso, la mala salud de Calles. El 11 de diciembre de 1934 vuela a Los Ángeles para someterse a una intervención quirúrgica de la vesícula. Sufría dolores intensos. Convaleciente y debilitado, declara que México "está satisfecho con la administración del presidente Cárdenas". De regreso a México, no vuelve a la capital, sino a su propiedad El Tambor, donde permanece varios meses. Hasta allá llegan los peregrinos políticos con noticias frescas. Algunas, como el renovado enfrentamiento religioso, ciertamente lo complacen, pero la mayoría de ellas lo preocupan, sobre todo la ola de huelgas y las declaraciones de algunos miembros del gabinete, según las cuales México se encaminaba hacia la "dictadura del proletariado". Cárdenas lo trata con respeto, le pide consejos en materia hacendaria e insiste en que su presencia en la capital es necesaria. Pero la agitación laboral alarma a Calles tanto como a los pronunciamientos públicos del presidente: *Debemos combatir al capitalismo* —decía Cárdenas—, *a la escuela liberal capitalista, que ignora la dignidad humana de los trabajadores.*

Por fin, en mayo de 1935, Calles regresa a la ciudad de México. Su primera declaración es de abierto apoyo a Cárdenas: *Tengo un completo optimismo en lo que se refiere a la situación general del país, y una confianza absoluta en que el gobierno de la República resolverá debidamente los problemas que se le presenten.*

Entre todos los problemas del gobierno cardenista, el más urgente era desmontar las últimas trincheras del maximato. La oportunidad se presentó a los pocos días, cuando Calles concedió al senador Ezequiel Padilla una de sus habituales entrevistas. El 12 de junio de 1935, los capitalinos leyeron en primera plana:

Este debe ser el momento de la cordura. Hace seis meses que la nación está sacudida por huelgas constantes, muchas de ellas enteramente injustificadas. Las organizaciones obreras están ofreciendo en muchos casos ejemplos de ingratitud. Las huelgas dañan mucho menos al capital que al gobierno, porque les cierran las puertas de la prosperidad. De esta manera las buenas intenciones y la labor incansable del señor presidente están constantemente obstruidas, y lejos de aprovecharnos de los momentos actuales, tan favorables para México, vamos para atrás, para atrás, retrocediendo siempre; y es injusto que los obreros causen este daño a un gobierno que tiene al frente a un ciudadano honesto y amigo sincero de los trabajadores, como el general Cárdenas.

Aquello fue el detonante de la crisis. Cárdenas pidió la renuncia de su gabinete, en el que había varios elementos afines a Calles, y atribuyó la agitación política a los grupos despechados que buscaban la división y con ello la recuperación de sus privilegios.

Sobre los problemas del trabajo y los movimientos huelguísticos, Cárdenas estimaba, a diferencia de Calles, que eran consecuencia natural de una lucha legítima de intereses y que "resueltos razonablemente", dentro de un espíritu de equidad y justicia social, contribuirían a hacer más sólida la economía nacional. En el fondo, Cárdenas los azuzaba. El ataque final del presidente contra el ya casi ex jefe máximo no se hizo esperar:

Creo tener derecho a que la nación tenga plena confianza en mí y a que el grupo revolucionario se revista de la necesaria serenidad y continúe colaborando con el Ejecutivo en la difícil tarea que se ha impuesto. A tal fin exhorto a todos los hombres de la Revolución par que medien honda y sinceramente cuál es el camino del deber.

Aquello significaba el rompimiento. El 16 de junio Calles lamenta que a sus palabras pronunciadas con *el sello de la mejor buena fe, en bien del país y del gobierno, se les hubiera dado una interpretación torcida.* Y finalmente proclama: *Me retiro definitivamente de la política.* No faltaron los allegados que le sugirieran dar la pelea al presidente. Pero Calles insiste en que *el único responsable de la marcha política y social de la nación es el presidente.* En el zócalo de la capital, los contingentes obreros apoyan ruidosamente a Cárdenas. En las Cámaras se produce un cambio vertiginoso de filiaciones: los callistas de ayer se vuelven cardenistas de hoy. Mientras tanto, en su hacienda de Santa Bárbara, Calles hace maletas, no para conspirar, sino para ir a Hawai.

La querella se había decidido antes. La verdad es que, con alguna ambigüedad, el propio Calles había contribuido de mil maneras a decidirla en favor del presidente; pero en la secuencia del incruento drama faltaba un episodio.

A fines de 1935, Calles regresa a la ciudad de México para defender públicamente su régimen, acosado por una campaña de críticas. Era, en sus propias palabras, un acto de dignidad. La tensión entre callistas y cardenistas se prolongó, con cierta violencia, por cerca de cuatro meses, hasta que Cárdenas toma la decisión histórica de romper radicalmente con Calles, sin atentar contra su vida.

> *La caída de Calles* —dice Vasconcelos—, *preparada sin duda en secreto y con bastante anticipación, resultó facilísima. No dejó de provocar sorpresa ante el público; pero los que estaban cerca del gobierno lo supieron con oportunidad. El cambio operado por el cardenismo en la política religiosa era ya un desconocimiento de la doctrina del maestro; pero como éste sospechara que se trataba de órdenes de Washington, se quedó sin decir palabra. Lo que nunca sospechó el Máximo es que indirectamente la política de Norteamérica lo había aprovechado y que ahora estorbaba. Se aguardaba tan sólo una oportunidad.*

Calles fue desterrado por Cárdenas el 9 de abril de 1936. Días antes, el periodista José C. Valadés había visitado al solitario Jefe Máximo en su hacienda Santa Bárbara. Calles se declaró enemigo jurado del comunismo, criticó a la República española y se deslindó del marxismo, aunque reafirmándose como socialista:

> *El Estado socialista de que he hablado no es el Estado marxista. Siempre he creído en la necesidad de que el Estado sea el protector de las clases débiles. Más todavía, considero que es deber del Estado desempeñar esa labor de protección. Mi punto de vista puede ser más claro si digo que la plusvalía debe ser repartida equitativamente; pero entre la intervención del Estado en el reparto equitativo de la plusvalía y el de la intromisión del Estado en todos los aspectos de la vida moral y material del hombre y de la sociedad hay una gran diferencia. Por otra parte, el Estado socialista de que hablo no es el Estado que va a negar la libertad. El fin de la libertad es el fin de la iniciativa individual, y ésta significa progreso del hombre y de los pueblos. El Estado socialista de que hablo no es el que acabará con la propiedad privada. Yo diría que ese Estado ha sido idealizado por nuestro país exclusivamente para nuestro país, que por sus condiciones geográficas, étnicas y morales, solamente necesita un progreso en su economía, pero un gran respeto por sus libertades.*

Sin embargo, Calles no podía honestamente legitimar su actuar político como defensor de esas libertades a las que alude. Frente al ascenso de la ideología marxista y su propia declinación política, se acerca más al populismo fascista y al rencor:

> *Nuestros políticos carecen de principios; abandonan a sus jefes y amigos... ¡Son tan pocos los hombres leales!... La política, amigo, es una cloaca, siempre lo ha sido.*

Esta sensación de traición y abandono no se queda en el sentimiento y en la palabra, pues siendo Calles un hombre de acción, piensa en Vasconcelos como medio para regresar a la "cloaca" de la que había sido expulsado. Así que, por conducto del general José Ma. Tapia y un hermano del yerno de Vasconcelos, Francisco Ahumada, se concerta una conferencia de los dos personajes, la que se realiza en la casa del citado general Tapia, cercana a Los Angeles.

Vasconcelos relata esta entrevista, en la que Calles se expresa de la siguiente manera:

> *Hemos sido, durante muchos años, unas veces amigos y otras veces enemigos, y ahora nada impide que hablemos como hombres... Usted sabe lo que significa el poder en nuestra patria; ahora estoy viejo y dedicado a mis hijos, no tengo ambición personal de ningún género; veo que el país va a la ruina con esta gente; pero no quiero intervenir, sólo busco mi venganza. Es necesaria para que otras gentes puedan hacerse cargo del futuro del país... Le digo a usted todo esto para que no crea que si el día de mañana ejerce usted en México la autoridad a que tiene derecho, voy yo a pedirle nada. Nada necesito. Mi carrera en México ha terminado. Pero es mi deber colaborar para que esta gente de ahora sea echada del mando... De distintas zonas del país, diversos comandantes me mandan el aviso en este sentido. No he querido movilizarlos hasta ahora, porque ello beneficiaría al general Cedillo, que tiene ambiciones y nada más está estorbando. Yo le he mandado decir que lo harán pedazos porque él no es una bandera política. Pero hay que estar preparados para el momento en que desaparezca Cedillo... Usted perdió en el 29 porque le faltó la fuerza. Tenía usted la popularidad y es todavía el único que podría recobrarla con que sólo se presente una oportunidad cualquiera. Yo tuve la fuerza y creo seguirla teniendo. Mi plan actual es este: mover el ejército para que derroque a Cárdenas y establezca un gobierno a cargo de un triunvirato militar. Lo primero que haría ese triunvirato es convocar a elecciones y en ellas, es claro, usted tendría el triunfo asegurado.*

La respuesta de Vasconcelos es clara y categórica:

> *Debo corresponder a su franqueza y le digo que en esta lucha en que yo estoy en contra del canalla que gobierna el país, me creo obligado a aceptar cualquier ayuda, así me la ofrezca el diablo. De suerte que acepto.*

El exilio, los fantasmas y la muerte

Evidentemente, este extraño pacto no se tradujo en acción política, y Calles tuvo que resignarse a vivir en la tierna y opaca cotidianidad familiar durante los siguientes cinco años, en la casa de San Diego, California, de la que hace memoria su hija Hortensia:

> *Todo tenía la casa; tenía batería de cocina, lavadora, aparatos para la limpieza, cortinas, ropas de baño y recámara, una vajilla fina y otra para el diario. Era de dos pisos y tenía un balconcito enfrente. La dirección de la casa es la calle Upas, con número 1212. Es una callecita corta frente al parque. Pues nosotros nos cambiamos así como si hubiéramos llegado a una "suite" de hotel. Ahí vivimos todo el tiempo, pero en los veranos, como a mi papá le gustaba nadar, rentamos una casa en Del Mar, en seguida de un lugar que se llamaba La Jolla, y nos pasábamos tres meses del año ahí, y así lo hicimos todos los años que estuvimos en San Diego. A mi papá le fascinaba el mar, se bañaba dos veces diarias. Se levantaba, desayunaba muy ligero y como a las once ya estábamos en la playa. Comíamos y dormíamos una siesta y como a las cinco de la tarde volvíamos a la playa.*

El exilio acentuó más su temperamento adusto y melancólico, pero el entorno californiano lo animaba. Allá volvió a sus viejas aficiones campiranas: visitó con frecuencia granjas, ranchos y cultivos, paseó por huertas y jardines, admirándose con todos los cambios que traía la modernidad en la vida de los norteamericanos y tal vez pensando que todo ello podía introducirse en su país. Se mantuvo siempre enterado de todo lo que ocurría en México, pero supo guardar una distancia caballeresca frente a los importantes cambios que se produjeron en la época de Cárdenas, mismos que, en el fondo, no podía calificar de ajenos a sus principios ni contrarios a sus ideales. La responsabilidad del país, que por cerca de diez años había recaído sobre sus espaldas, era ahora del único jefe máximo posible: el presidente. Independientemente del pacto fantasioso antes reseñado, el antagonismo entre Calles y Vasconcelos se convirtió en una curiosa empatía; no sólo la edad y la lejanía los vinculaba, sino también la desilusión de la política, y hasta las convicciones ideológicas. Después de acudir al sepelio de Calles, en octubre de 1945, Vasconcelos recordaba:

> *Reanudamos nuestra amistad en el destierro. Calles me dijo:"Usted es el hombre que más ataques me ha lanzado, haciendo burla hasta de mi nombre al llamarme "la Plutarca". Pero si usted hubiera estado en mi lugar, en el gobierno, hubiera tenido que hacer lo que yo hice; no se podía hacer otra cosa para gobernar por encima de ese grupo de militares viles, ambiciosos, venales y cobardes.* Y tal vez Calles tenía razón.

En marzo de 1941, durante la Segunda Guerra Mundial, el presidente Ávila Camacho pensó que era el momento de la unidad nacional e invitó a Calles a regresar a México. Calles accedió. Días después apareció en el balcón del Palacio Nacional, flanqueando a Ávila Camacho, junto con todos los otros ex presidentes.

Sus últimos cuatro años los pasó en su quinta de Las Palmas, en Cuernavaca, trabajando en su jardín y jugando al golf. En esta última época, Calles adquiere una extraña filiación: el espiritismo.

A partir de mediados de 1941, hasta su muerte, en octubre de 1945, Calles acude una vez por semana al Círculo de Investigaciones Metapsíquicas de México. A las sesiones espiritistas asistían con regularidad personalidades políticas, como Luis Morones, Juan Andrew Almazán, Ezequiel Padilla y el futuro presidente Miguel Alemán. En el libro de protocolos de la institución y en el archivo personal de Calles se conservan una gran cantidad de reseñas de las sesiones a las que el general Calles asistió y en las que los espíritus no dejaban de transmitirle mensajes de paz, flores, perfumes, y otra case de señales, algunas de ellas tan explícitas como la siguiente:

> *El general Plutarco Elías Calles* —dijo el espíritu— *fue y sigue siendo un patriota. Nunca ha estado tan preparado como ahora. Más comprensivo a los problemas del país y de la humanidad. Día a día se acerca la hora en que nuestra pobre y*

Fotografía de Calles poco antes de abandonar el país y exiliarse en Los Ángeles.

> *desafortunada patria ocurra a su experiencia y sabiduría. Nadie mejor que este hombre recio de carácter y perfeccionado por los años podrá ayudar a la patria sin egoísmo y vanidades.*

Meses antes de morir, el propio Calles testimoniaba su devoción por el "Ser Supremo". Durante sus últimos días fue intervenido quirúrgicamente. Sus compañeros del círculo, tanto los vivos como los "espirituales", admiraban que *la firmeza de sus convicciones en el momento de mayor peligro... había puesto una montaña de fe en su corazón.*

Calles murió el 19 de octubre de 1945. Días después, su hijo Rodolfo afirmaba haber recibido mensajes directos de su padre. Su vida en esos momentos se concretaba a *conocer los diferentes planos del espíritu,* a viajar y platicar con almas conocidas, como la de don Venustiano Carranza, que *aún no podía olvidar sus amarguras,* a pesar de las amplias conversaciones que el viejo tenía con los espíritus de Calles y Obregón. Pero su mayor alegría era confirmar a Rodolfo en las sagradas doctrinas a las que se había acogido al final de su vida:

> *Si alguna vez he sentido deseos de que los míos se formen una fe en nuestro mundo es hoy que puedo informarles que la continuación de la vida es una realidad...*

TÍTULOS DE ESTA COLECCIÓN

Agustín de Iturbide
Agustín Lara
Álvaro Obregón
Antonio López de Santa Anna
Benito Juárez
Cuauhtémoc
David Alfaro Siqueiros
Diego Rivera
Dolores del Río
El Santo
Emiliano Zapata
Fidel Velásquez
Francisco I. Madero
Frida Khalo
Gabilondo Soler "Cri-Cri"
Germán Valdés "Tin Tan"
Joaquín Pardavé
Jorge Negrete
José Alfredo Jiménez
José Clemente Orozco
José María Morelos
José Vasconcelos
Juan Diego
Juan José Arreola
Juan Rulfo
Justo Sierra
Lázaro Cárdenas
Malintzin (La Malinche)
María Félix
Mario Moreno "Cantinflas"
Miguel Alemán Valdés
Miguel Hidalgo
Nezahualcóyotl
Pancho Villa
Pedro Infante
"Piporro"
Plutarco Elías Calles
Porfirio Díaz
Quetzalcoatl
"Resortes"
Rosario Castellanos
Salvador Novo
Sor Juana Inés de la Cruz
Venustiano Carranza

Está obra
se terminó de imprimir en julio del 2004 en
Litográfica Ingramex, S.A. de C.V.
Centeno 162-1, Col. Granjas Esmeralda
México, D.F.

CALIDAD ISO 9000 CERTIFICADA
Certificado No. 02-2082